AF546809

Stavemann

Frustkiller und Schweinehundbesieger

Harlich H. Stavemann, Dr. rer. soc., Dipl. Psych., Dipl. Kfm., Ausbildung in VT, GT, KVT, RET; Psychotherapeut seit 1979, Approbation für Kinder, Jugendliche und Erwachsene in Einzel- und Gruppenbehandlung. Kognitiver Therapeut, Kognitiver Verhaltenstherapeut, Associate Fellow of the Institute for Rational Therapy, seit 1984 Fortbildungsleiter, Lehrtherapeut und Supervisor für VT/KVT, Dozent und Selbsterfahrungsleiter an diversen für die Approbation in VT staatlich anerkannten Instituten, diverse Publikationen zur Integrativen KVT. Mitbegründer und Leiter des Instituts für Integrative Verhaltenstherapie (IVT) in Hamburg (seit 1986).

Harlich H. Stavemann

Frustkiller und Schweinehundbesieger

Geringe Frustrationstoleranz und Aufschieberitis loswerden

Mit Online-Material

2., überarbeitete Auflage

Dr. Harlich H. Stavemann, Dipl.-Psych., Dipl.-Kfm.
Psychologischer Psychotherapeut
Institut für Integrative Verhaltenstherapie e. V.
Osterkamp 58
22043 Hamburg
stavemann@i-v-t.de

Dieses Buch ist erhältlich als:
ISBN 978-3-621-28853-8 Print
ISBN 978-3-621-28870-5 E-Book (EPUB)

2. Auflage 2021

Lektorat: Sophia Kremer, Andrea Glomb
Coverbild: Getty Images/damedeeso
Herstellung und Satz: Lelia Rehm
Gesamtherstellung: Beltz Grafische Betriebe, Bad Langensalza
Printed in Germany

Weitere Informationen zu unseren Autor_innen und Titeln finden Sie
unter: www.beltz.de

Inhaltsübersicht

Inhalt

Vorwort

Na, heute schon geärgert?
Oder mal wieder etwas auf die lange Bank geschoben?

In diesem Buch geht es um Menschen, die leiden,

- weil sie sich andauernd und heftig über sich selbst oder andere, über Ereignisse oder das Schicksal ärgern, weil sie Realitäten – so wie sie nun einmal sind – für falsch halten und nicht akzeptieren können oder aber
- weil sie sich einfach mal wieder nicht dazu aufraffen können, das zu tun, was sie *eigentlich* tun wollten – wenn es nur nicht so schwer oder lästig wäre…

Was diese beiden, scheinbar so unterschiedlichen Gruppen eint, ist ihr ungesundes Umgehen mit Frustration. Sie leiden unter »geringer Frustrationstoleranz« (GFT).

GFT ist die zweitgrößte Ursache für psychische Probleme und deren belastende und schädliche Symptome im Gefühlsleben und Verhalten. Mehr als 70 Prozent aller Klientinnen und Klienten in Therapie und Beratung leiden darunter.

In diesem Buch erfahren Sie, wie es dazu kommt, wie man eigene GFT-Muster erkennt und was sich dagegen ausrichten lässt. Der dazu nötige Veränderungsprozess wird Schritt für Schritt beschrieben und durch diverse praktische Übungen angeleitet.

Vaisala, Savaii, im Frühjahr 2021 *Harlich H. Stavemann*

Einführung: Worum geht's hier und für wen ist das gedacht?

Was ist Frustrationstoleranz?

Die Frustrationstoleranz beschreibt, wie gut jemand mit unerwünschten, lästigen oder behindernden Situationen oder Ereignissen umzugehen gelernt hat.

Menschen mit einer geringen Frustrationstoleranz lassen sich durch solche Ereignisse leicht aus der Bahn werfen. Sie leiden emotional und verhalten sich häufig selbstschädigend. Wie eingangs beschrieben, kann man völlig unterschiedlich reagieren, wenn man frustriert ist:

- **Die Forderer.** Die einen regen sich furchtbar auf und fordern, dass es so nicht sein darf, sondern *genau so* wie sie es selbst richtig finden. Sie ärgern sich häufig und manche explodieren vor Wut. Bei ihnen sind oft bereits körperliche Erkrankungen in Form psychosomatischer Beschwerden wie Bluthochdruck, Magen- oder Herz- und Kreislaufprobleme zu beobachten. Übermäßiger Ärger, Wut und Aggressionen haben zusätzlich häufig heftige soziale und berufliche Auswirkungen.
- **Die Vermeider.** Die anderen reagieren eher beleidigt darauf, wenn sie etwas als Zumutung empfinden und entziehen sich möglichst der Situation. Sie sind geübte Vermeider wenn es darum geht, Lästigem auszuweichen – selbst wenn sie insgeheim wissen, dass sie sich damit langfristig selbst schaden. Emotional steht kurzfristig die Angst vor Lästigem im Vordergrund. Langfristig – insbesondere, wenn die Konsequenzen des Vermeidens eintreten – sind es Unzufriedenheit, Niedergeschlagenheit bis hin zur Depression, ein geringer pauschaler Selbstwert, wenig Selbstvertrauen und Verhaltensstörungen. Auch Vermeidungsverhalten führt oft zu sozialen und beruflichen Konsequenzen, z. B. zum Verlust von Beziehungen und Freundschaften bis zur

sozialen Isolation oder zu Problemen mit Kollegen – bis zum Mobbing und zum wiederholten Verlust des Arbeitsplatzes.

Für wen ist dieses Buch gedacht?

Dieses Buch ist für all jene gedacht, die unter einem oder mehreren der oben beschriebenen Phänomene leiden. Es ist also ein Buch für Betroffene, für die, die verstehen möchten, weshalb sie häufig *so* reagieren, und die nun endlich etwas dagegen unternehmen wollen. Es richtet sich damit an Leserinnen und Leser ohne fachliche Vorkenntnisse und verzichtet auf »Psychologenkauderwelsch«. Es hat den Anspruch, für die eigene Psychohygiene nützlich und als Begleitlektüre bei einer Psychotherapie – insbesondere bei einer Kognitiven Verhaltenstherapie – hilfreich zu sein.

Aber ein Buch kann keine Psychotherapie ersetzen. Obwohl es Erkenntnisse vermittelt und Wege zu ihrem Umsetzen in den Alltag beschreibt, kann es nicht die eigenen »blinden Flecken« erfassen. Diese sind meist nur durch neutrale Außenstehende zu erkennen und in den Veränderungsprozess einzubeziehen.

Was zu erlernen ist, um die negativen Symptome der GFT loszuwerden, ist schnell beschrieben:

- Forderer können Akzeptanz und Toleranz erlernen (»So isses«), denn es fehlt ihnen an der nötigen Akzeptanz der Realität.
- Vermeider lernen zu erkennen, dass ihre heutige Alltagsrealität eine Konsequenz aus vorherigen Verhaltensweisen und Vermeidungsmustern ist (»So was kommt von so was«) und dass sie ihre Ziele durch Abwarten oder Älterwerden nicht erreichen (»Von nix kommt nix«). Die meisten Vermeider kennen diese Binsenweisheiten. Woran es bei ihnen hapert ist, sich zu überwinden, diese auch in ihren Alltag umzusetzen.

Wie genau der Veränderungsprozess für Forderer und Vermeider aussieht, wird in diesem Buch beschrieben. Wir werden Antworten auf folgende Fragen suchen:

- »Wie schaffe ich es zu verinnerlichen, dass mein persönlicher Geschmack nicht *richtiger* oder *besser* ist als irgendein anderer?«

- »Wie schaffe ich es, mich so zu motivieren, dass ich mich überwinde, das zu machen, was mir langfristig nützt und guttut?«

Wie ist dieses Buch aufgebaut?

In Kapitel 1, beleuchten wir genauer, was GFT ist, wie sie entsteht, ab wann sie zum Problem wird und wie man sie abbaut.

Im zweiten Kapitel betrachten wir, welche speziellen Typen von GFT es gibt und wie deren Auswirkungen aussehen. Anschließend beschäftigen wir uns in Kapitel 3 mit der Selbstdiagnose und suchen nach eigenen GFT-Konzepten. Dazu lernen Sie hilfreiche Werkzeuge kennen und anzuwenden.

Im vierten Kapitel prüfen wir die herausgearbeiteten eigenen GFT-Konzepte auf Schädlichkeit. Auch hierfür lernen Sie hilfreiche Methoden kennen und umzusetzen. Schädliche GFT-Muster werden in Kapitel 5 durch angemessene Konzepte ersetzt. Wir betrachten, wie man auf gesunde Weise mit Frustrationen umgeht und wie man diese neuen Erkenntnisse verinnerlicht, um sie künftig im Alltag anwenden zu können.

Damit dabei nichts schief läuft, beleuchten wir in Kapitel 6 noch einige Stolpersteine im Veränderungsprozess.

Tipp

In allen Kapiteln finden Sie Übungsaufgaben. Damit das Gelernte nicht allzu schnell im Vergessen versandet, sollten Sie alle Aufgaben schriftlich machen. Das dient nicht nur dem besseren Lernerfolg, sondern auch dazu, es immer wieder nachlesen zu können. – Ja, das ist lästig. Aber das ständige Wiederholen hilft enorm, neues Wissen möglichst schnell im Alltag umsetzen zu können.

Im Anhang finden Sie Arbeitsblätter, die auch als Online-Materialien kostenfrei zur Verfügung stehen. Mit ihrer Hilfe können Sie die vermittelten Inhalte reflektieren, auf die eigene Person umsetzen und dann im Alltag trainieren. Zudem wird hier weiterführende, vertiefende Literatur angegeben.

Hinweis

Wer bereits das Grundlagenbuch »Im Gefühlsdschungel« (Stavemann, 2018) oder das Buch »... und ständig tickt die Selbstwertbombe« (Stavemann, 2020) zum Bearbeiten von Selbstwertproblemen durchgearbeitet hat (Literaturangaben im Anhang), wird beim Beschreiben der therapietypischen Vorgehensweise auf Inhalte stoßen, die bereits dort beschrieben wurden. Das ist insofern unvermeidbar, als sich die therapeutische Methodik nicht dadurch ändert, dass wir in diesem Buch den Fokus auf einen speziellen Problembereich richten. Um auch denjenigen, die obige Titel noch nicht kennen, ein schlüssiges Veränderungskonzept darlegen zu können, ohne ständig auf diese Literatur verweisen zu müssen, werden die therapeutischen Prinzipien und Vorgehensweisen hier erneut dargelegt.Was ist und wie funktioniert Kognitive Verhaltenstherapie?

Die in diesem Buch dargestellten Strategien und Veränderungsmöglichkeiten beziehen sich auf Inhalte der Kognitiven Verhaltenstherapie. Dies ist das am häufigsten wissenschaftlich untersuchte Therapieverfahren mit den nachweislich höchsten Erfolgsaussichten. Wie bereits ihre Vorgänger in der Antike legen auch moderne Kognitive Verhaltenstherapeuten besonderes Gewicht darauf, verinnerlichte Normen und Wertmaßstäbe zu erkennen und zu überprüfen – denn wenn diese Denkmuster unangemessen sind, können daraus gefühlsmäßige Probleme entstehen – auch GFT-Probleme. Diese Therapeutinnen und Therapeuten bemühen sich also zunächst um ein Verändern von belastenden, krank machenden Denkmustern und trainieren dann mit ihren Klientinnen und Klienten, die neu erarbeiteten Erkenntnisse mithilfe strukturierter Arbeits- und Übungsprogramme im Alltag umzusetzen.

Konzepte als Ursache für emotionale Probleme und schädliche Verhaltensmuster. Der Ausdruck »Kognitive *Verhaltens*therapie« mag manchen zu der Schlussfolgerung verleiten, es ginge hier in erster Linie um das Verändern von Verhaltensweisen, und besonders Menschen mit GFT glauben häufig, dass es lediglich darauf ankomme, sich künftig anders zu verhalten. Das hieße jedoch, Ursache und Wirkung miteinander zu verwechseln, denn unsere verinnerlichten Einstellungen, Normen, Ziele und Konzepte bestimmen – meist ohne dass wir uns dessen bewusst sind –, wie wir uns in bestimmten Situationen aufführen. Und ganz ehrlich: Wer von uns wüsste nicht bereits, was er eigentlich gestern hätte tun müssen, um nicht heute diese unangenehmen Konsequenzen des gestrigen Vermeidens aushalten zu müssen? Das wir es dann trotzdem nicht getan haben, liegt an unseren Einstellungen und Konzepten, weil wir z. B. wieder einmal *gedacht* haben:

- »Morgen ist auch noch ein Tag.«,
- »Andere sollten das für mich erledigen.«,
- »Das ist mir zu lästig, das will ich nicht!« oder
- »Mir sollte man so etwas nicht zumuten!«

Wenn Menschen mit GFT bestimmte Verhaltensweisen oder Fähigkeiten nicht gelernt haben, dann liegt das meist daran, dass sie dies für unzumutbar oder zu lästig hielten und es aus Bequemlichkeit vermieden haben, sich damit zu beschäftigen. Aufgrund dieser verinnerlichten Einstellung und den damit einhergehenden unangenehmen Gefühlen, wie z. B. Ärger oder Angst, entscheiden sie sich, sich *lieber nicht* mit bestimmten Situationen, Personen oder Sachen so auseinanderzusetzen, wie es notwendig wäre, um nicht unter den nachfolgenden langfristig negativen Konsequenzen zu leiden.

Hat jemand Probleme mit GFT, ist die Ursache dafür also in den typischen GFT-Konzepten zu suchen und nicht in den Verhaltensreaktionen. Diese ursächlichen Konzepte gilt es zu verändern, wenn man die daraus hervorgehenden Gefühle und die anderen Konsequenzen von GFT nicht mehr ertragen mag.

Denn um keine Missverständnisse aufkommen zu lassen: Nicht die Konsequenzen von Vermeidungs*verhalten* machen unzufrieden oder krank. Es ist dann eben so, wie es ist. Wer das so akzeptiert, hat damit kein unangemessenes Problem. Das entsteht erst dadurch, dass man etwas für *unerträglich lästig* hält, klagt, dass es anders sein sollte, als es ist oder dass man Erwartungen an die Umwelt oder das Schicksal einfordert. Und das sind Einstellungen und Konzepte. *Sie* sind dafür verantwortlich, dass es uns dann so schlecht damit geht. *Durch sie* entstehen die Defizite oder unangemessenen Verhaltensweisen, die längerfristig zu psychischen Beschwerden und nachfolgend auch zu weiteren Verhaltenseinschränkungen führen.

Fazit

Die Art zu denken bestimmt Gefühle und Verhalten. Ist man mit den Konsequenzen eigenen Verhaltens unzufrieden, muss man zunächst das Denkmuster erkennen, das dieses Verhalten bewirkt. Verändert man es, kommt man zu anderen Gefühls- und Verhaltenskonsequenzen.

Wer lediglich Verhaltensweisen ändert und nicht das verantwortliche Konzept, erreicht keine dauerhafte Veränderung.

Es gibt zwei Möglichkeiten, um ein GFT-Problem loszuwerden. Entweder

- man ändert das Konzept, das die beklagten Konsequenzen verursacht, oder
- man behält dieses Konzept bei und akzeptiert klaglos die Konsequenzen daraus.

Achtung: Frustrationsalarm!

Dieses Buch wirkt nicht von allein – auch wenn man es sorgfältig gelesen hat. Um daraus positive Effekte für sich selbst zu erreichen, müssen die neu gewonnenen Erkenntnisse im Alltag umgesetzt werden, und das ist nicht ohne intensives Üben möglich. Und leider ist das noch nicht alles, was an Mühe auf Sie zukommt, denn es gibt noch weitere, problemtypische Frustrationshürden.

So werden *Forderer* sich vermutlich häufig ärgern. Entweder weil sie durch das Gelesene nicht in ihrer Sicht bestärkt werden oder wenn sie gar auf Sichtweisen stoßen, die sie überhaupt nicht teilen.

Vermeider werden enttäuscht sein, dass auch dieses Buch allein nichts bewirken kann und wenn sie feststellen: »Das ist ja verdammt lästig. Und dafür hab' ich all das hier gelesen?« Spätestens im Abschnitt »Sinnvolle Übungen planen und durchführen« werden viele den Drang verspüren, das Buch zur Seite zu legen, denn dies klingt nicht nur nach Unbequemlichkeit und Anstrengung – es ist genau das. Aber es ist unerlässlich, um aus den oben beschriebenen Problemen herauszukommen. Damit hätten wir dann auch das Hauptproblem der Vermeider am Wickel: der ewige Kampf mit dem inneren Schweinehund. Leider wird Ihnen auch dieses Buch nicht die Mühsal abnehmen können, sich immer wieder aufs Neue mit Ihrem inneren Schweinehund auseinanderzusetzen. Aber es kann Ihnen sinnvolle, hilfreiche Strategien an die Hand geben, damit Sie diesen Kampf künftig immer häufiger und dauerhafter gewinnen.

1 Geringe Frustrationstoleranz (GFT)

1.1 Was ist GFT und wodurch entsteht sie?

Definition

Unter **geringer Frustrationstoleranz (GFT)** versteht man die geringe Bereitschaft von Menschen, etwas zu ertragen, was sie für falsch oder unangenehm und lästig halten – unabhängig davon, ob es für die eigenen Ziele sinnvoll ist oder nicht.

1.1.1 Varianten der GFT-Konzepte

Wir haben eingangs zwei Arten von GFT-Betroffenen unterschieden: Forderer und Vermeider.

(1) **Forderer** wollen, dass die Welt, die Menschen, die Situationen und das Schicksal gefälligst so sind, wie sie es sich wünschen und sie finden es falsch, ungerecht und eine riesige Sauerei, wenn das einmal nicht so ist. Bei Forderern lassen sich drei unterschiedliche Konzepte finden:
   - »*Alles soll genau so sein, wie ich es möchte*!«, d.h. im weitesten Sinne »*Mein Wille geschehe*!«. Diese Anspruchshaltung verdeutlicht die egozentrische Weltsicht der betreffenden Person.
   - »*Es muss richtig sein*!«, d.h. jemand geht davon aus, dass es eine für Menschen erkennbare objektive Wahrheit und Richtigkeit gibt.
   - »*Es muss gerecht zugehen*!« Hierbei wird unterstellt, dass es Gerechtigkeit gibt und dass sie umzusetzen ist.

(2) **Vermeider** gehen möglichst allem Unangenehmen und Lästigen gekonnt aus dem Weg. Das geht so weit, dass sie auch die Dinge immer weiter vor sich herschieben, die für die eigenen

Ziele wichtig sind und zu erheblichen negativen Konsequenzen führen, wenn sie nicht erledigt werden. Dabei verfolgen sie typischerweise Anspruchshaltungen wie:

- »*Das Leben muss einfach und leicht sein, sonst bin ich mal weg.*« Dies ist wohl mit Abstand häufigste GFT-Konzept bei Vermeidern.
- »*Eine gute Lösung muss Spaß machen. Sie muss die Vorteile aller Alternativen enthalten und darf keine Nachteile mit sich bringen.*« und »*Ich will keinen Verlust erleiden oder auf etwas verzichten müssen!*« Für die Anhänger dieser Konzepte heißt das i. d. R.: Bevor so eine Lösung nicht gefunden ist, sollte man besser gar nichts tun und weiter abwarten, bis so eine Möglichkeit im Angebot ist.
- »*Erst einmal ausruhen, dann geht alles von allein.*« Diese Version von »*Morgen ist auch noch ein Tag*!« ist eine klassische Version von Wunschdenken, die geübte Vermeider auch dann noch anwenden, wenn sie selbst das Ergebnis für unwahrscheinlich halten.

Alle Vermeiderkonzepte eint der Anspruch, dass die Betroffenen sich stets wohlfühlen möchten, ohne dass dieses Ziel etwas kosten darf: Keine Kompromisse, keinen lästigen Aufwand, keinen Verzicht auf irgendetwas.

Beispiele für die unterschiedlichen Erscheinungsformen der GFT und deren Konsequenzen betrachten wir in all ihren Facetten in Kapitel 2.

GFT als Ursache für psychische Erkrankungen
Psychische Erkrankungen sind z. B. Angst- und Zwangserkrankungen, Depressionen, Ärgerstörungen, Verhaltensauffälligkeiten und -störungen und psychosomatische Reaktionen. Die Ursachen dafür lassen sich recht gut auf lediglich drei Problembereiche zurückführen:

- GFT
- Selbstwertprobleme
- Existenzielle Probleme

Dass GFT eine Ursache für psychische Belastungen und Erkrankungen darstellt, ist keine neue Erkenntnis, sondern wurde bereits von stoischen Philosophen vor 2000 Jahren beschrieben. Und wenn es um das Behandeln psychischer Probleme ging, die durch GFT verursacht wurden, hatte man auch schon damals dieselben Therapievorschläge parat wie moderne Psychotherapeuten heute: Akzeptanz von Realitäten und Einsatzbereitschaft beim Verfolgen der eigenen Ziele. Diese Punkte werden im Abschnitt 5.2 ausführlich beleuchtet. Dass sich in letzter Zeit wieder vermehrt psychotherapeutische Ansätze diesem Problem widmen, ist vermutlich dem zunehmenden Gewicht dieses Bereichs beim Erklären psychischer Erkrankungen zuzuschreiben. Denn in den letzten Jahrzehnten haben die berichteten psychischen Belastungen und Erkrankungen aufgrund von GFT (auf die wir näher in Kapitel 2 eingehen) stark zugenommen. Heute sind über 70 Prozent aller »erlernten« psychischen Erkrankungen darauf zurückzuführen.

Fazit

Über 70 Prozent der Klientinnen und Klienten in ambulanter Psychotherapie leiden ausschließlich oder auch an einem GFT-Problem.

Was GFT ist, wissen wir nun. Werfen wir der Vollständigkeit halber auch noch einen kurzen Blick auf die anderen beiden Problemfelder.

Selbstwertprobleme. Hier liegen die krankmachenden Ursachen in Regeln oder Eigenschaften, mit denen die Betroffenen über den Zugewinn oder Verlust eigener Wertigkeit entscheiden. Die psychischen Probleme entstehen dabei, wenn Selbstwertverlust droht oder bereits eingetreten ist, weil der dafür gewählte Maßstab (z. B. Leistung, Anerkennung, Beliebtheit, Besitz) nur unzureichend erfüllt werden könnte oder erfüllt wird. Der Anteil der Selbstwertprobleme liegt in der ambulanten psychotherapeutischen Praxis bei über 80 Prozent.

Existenzielle Probleme beinhalten Befürchtungen, die sich auf die eigene körperliche Existenz beziehen (nicht auf den materiellen oder sozialen Status), also die Angst vor dem Tod, z. B. die Befürchtung, gleich wegen eines Herzinfarkts sterben zu müssen oder an etwas Lebensgefährlichem erkrankt zu sein. Sie zeichnen sich meist durch Verallgemeinern oder Überzeichnen einer prinzipiell möglichen Lebensgefahr aus. Existenzielle Probleme sind für etwa 15 Prozent der erlernten psychischen Erkrankungen verantwortlich.

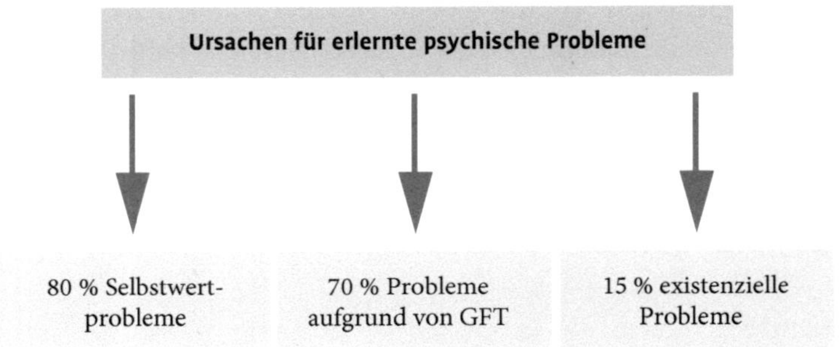

Die Summe der Prozentsätze ergibt über 100 %, da man auch an mehreren Problemen leiden kann.

1.1.2 Wodurch entsteht GFT?

Um etwas verändern zu können, ist es hilfreich zu verstehen, wie oder wodurch es entsteht. Blicken wir deswegen zunächst auf mögliche Ursachen für GFT-Probleme.

Grundsätzlich besitzen alle Menschen von Geburt an ein gewisses Maß an GFT. Die Trennlinie zwischen dem, was noch »normal« und dem, was bereits »schädlich« ist, lässt sich nicht für alle gleichermaßen festlegen. Wie bei anderen psychischen Problemen auch entscheidet hier die Höhe des persönlich empfundenen Leids, ob man es noch tolerieren will oder ob man etwas dagegen unternehmen möchte. Aber woher kriegt man GFT überhaupt? Nun, dafür gibt es vier Hauptursachen.

(1) Stammesgeschichtliche Vererbung

Einerseits haben wir es hierbei mit einem phylogenetischen, seit Jahrmillionen genetisch vererbten Programm zu tun, das uns veranlasst, mit unserer Energie sorgsam umzugehen. Wie die meisten Lebewesen besitzen auch Menschen die Tendenz zur »Faulheit« in dem Sinne, dass sie nur das tun, was unbedingt nötig ist. Sie scheint angeboren zu sein. Nur dass wir manchmal diese Tendenz derart übertreiben, dass wir noch nicht einmal mehr das tun mögen, was für unsere eigenen Ziele und für unser langfristiges eigenes Wohlbefinden notwendig ist.

In der Regel herrscht heutzutage in Mitteleuropa kein Nahrungsmangel, sodass wir nicht mehr so sehr darauf achten müssen, keine Kalorie zu verschwenden – im Gegenteil. Aber stammesgeschichtlich vererbte Programme lassen sich nicht so einfach abstellen. Es dauert meist Jahrtausende bis Jahrmillionen, bis wir uns genetisch an neue Umwelt- und Lebensbedingungen angepasst haben – falls die dann noch gelten....

(2) Streben nach Wohlbefinden

Auch das Bestreben danach, dass es uns gut geht, scheint uns angeboren zu sein. Denn das, was wohl die meisten antreibt und motiviert, morgens aufzustehen und etwas zu tun, ist der Wunsch, sich möglichst wohl zu fühlen. Dafür sind manche von uns sogar bereit, kurzfristig auch etwas zu tun, was ihnen gar keinen Spaß macht. Wir wissen schon: So etwas nennt man dann Frustrationstoleranz.

Etliche meinen aber, auch der Weg zur Zufriedenheit müsse immer angenehm und bequem sein. Und manche glauben, dass sie ein Anrecht darauf besäßen, dass es ihnen gut geht. Beide Typen besitzen sehr geringe Frustrationstoleranz.

(3) Soziale und ökonomische Veränderungen

Betrachtet man die tiefgreifenden sozialen Veränderungen und Normenverschiebungen in den letzten Dekaden, lassen sich daraus einige Gründe ableiten, die Einfluss auf das Ansteigen von GFT-Problemen haben können. Ende des 20. Jahrhunderts waren zwei Phänomene zu beobachten:

- Im pädagogischen Bereich werden oft ausgesprochen antiautoritäre, tolerante Erziehungsstile favorisiert.
- Im familiären Bereich kommt es zu einer rapide zunehmenden Zahl von Scheidungen und demzufolge zu einer großen Zahl an Einzelerziehenden.

Letzteres ist vermutlich auch darauf zurückzuführen, dass aufgrund der veränderten sozialen Normen Trennungen nicht mehr so stigmatisiert werden wie zuvor und dass sie nicht mehr mit so heftigen negativen sozialen und ökonomischen Konsequenzen einhergehen. Dadurch lässt wohl auch die Bereitschaft bei den Partnern zu Kompromissen nach und sie trennen sich schneller als zuvor.

(4) Modelle und Modelllernen

Eine für Säugetiere typische Eigenschaft besteht darin, dass Jungtiere von den Elterntieren durch Beobachten und Nachahmen lernen. Das gilt auch für Menschen. So etwas nennt man »Lernen am Modell« oder »Modelllernen«. Da Eltern – gewollt oder ungewollt – Modelle für ihre Kinder sind, kopieren diese deren Reaktionsmuster – auch ungünstige und schädliche, wie z. B. eine geringe Kompromiss- und Toleranzbereitschaft. Viel von dem, was wir heute so treiben oder vermeiden mit dem Ziel, uns möglichst wohlzufühlen, lässt sich auf Reaktionsmuster zurückführen, die wir im Laufe unseres Lebens gelernt und verinnerlicht haben. Dazu gehören auch etliche Verhaltensweisen, Glaubenssätze und Überzeugungen unserer Modelle zum Umgang mit Frustration. Manche davon sind verantwortlich für die daraus entstandenen GFT-Probleme.

Etliche, die heute unter GFT leiden, haben aufgrund ungünstiger Modelle als Kinder nicht gelernt, gesund mit Frustration umzugehen, z. B. weil versäumt wurde, ihnen Grenzen aufzuzeigen. Das kann unterschiedliche Ursachen haben.

Desinteressierte Modelle. Die schwierigsten Startbedingungen haben all diejenigen, die mit Modellen aufwachsen, die nicht am Kindeswohl interessiert sind oder – im schlimmsten Fall – für sich überhaupt kein Modell gefunden haben. In solchen Fällen gilt es –

egal wie alt die Betroffenen sind – mit dem Lernen angemessener Strategien im Umgang mit Frustration »bei null« zu beginnen.

GFT-Modelle. Ob sie wollen oder nicht, Eltern können an ihre Kinder doch nur das weiterreichen, was sie selbst gelernt haben. Insofern gilt auch für GFT: Wenn Eltern selbst keinen günstigen Umgang mit Frustration erlernt haben, *können* sie dafür auch kein günstiges Modell für ihre Kinder abgeben. Im Gegenteil: Die ohnehin von Geburt an vorhandene GFT-Tendenz wird dann durch das ungünstige Modell der Erziehenden weiter verstärkt. Leider ist dies immer noch eine der häufigsten Ursachen für GFT-Probleme. Denn machen wir uns nichts vor: Kindern Frustrationstoleranz beizubringen ist mühsam und alles andere als spaßig. Das läuft i. d. R. nicht ohne Gegenwehr, Geschrei und Liebesentzug durch die lieben Kleinen ab. Manch ein Elternteil, der selbst keine Frustrationstoleranz erlernt hat, lässt dann lieber davon ab und denkt: »Soll das doch die Schule machen!«

Ob alleinerziehend oder nicht: Viele Eltern können oder wollen auf Beruf und Karriere nicht verzichten. In mitteleuropäischen Kleinfamilien sind die Kinder häufig auf sich allein gestellt, wenn Alleinerziehende oder beide Elternteile berufstätig sind. Kommen diese dann erschöpft nach Hause, werden die Kinder häufig durch wunscherfüllendes Verhalten »ruhiggestellt«. Um endlich Ruhe zu haben, werden ihnen dann keine Grenzen gezogen und wenn doch, wird deren Einhalten oftmals nicht überwacht oder aus Bequemlichkeit keine Konsequenzen bei Nichtbefolgen gezogen.

»Liebevolle« Modelle. Mindestens ebenso häufig sind GFT-Probleme darauf zurückzuführen, dass Erziehende es »aus Liebe« oder fehlgeleiteter Fürsorge (z. B. aufgrund eines eigenen Selbstwertproblems) versäumen, ihren Sprösslingen Frustrationstoleranz beizubringen und versuchen, ihnen bis ins hohe Alter das Leben so einfach und angenehm wie möglich zu gestalten.

Ein Grund, weshalb manche Einzelerziehende davor zurückschrecken, ihren Kindern Frustrationstoleranz zu vermitteln, ist häufig der Versuch, dadurch den Verlust des anderen Elternteils »auszugleichen«, indem sie dem Kind mehr durchgehen lassen, nicht so streng sein und vieles verzeihen wollen. So wachsen Kinder relativ unbegrenzt heran, ohne sich um eventuell angedrohte Konsequenzen für Fehlverhalten sorgen zu müssen, da diese letztendlich doch nicht vollzogen werden nach dem Motto: »Wenn du nicht tust, was ich dir sage, … dann will ich nichts gesagt haben.«

Kurzum, aus welchem Grund auch immer Erziehende keine günstigen Modelle für den Aufbau von Frustrationstoleranz sind: Wir dürfen uns nicht wundern, wenn Kinder, die bislang größtenteils unbegrenzt agieren und ihr Wohlempfinden konsequenzlos maximieren durften, völlig entrüstet reagieren, wenn nun auf einmal jemand daher kommt, der das infrage stellt – sei es der Chef im ersten Job oder der erste Beziehungspartner. Wo bleibt denn da die bislang erhaltene und als selbstverständlich angesehene »bedingungslose Liebe«? Hier kommt es – meist früher als später – zu ernsten Zerwürfnissen. Die hohe Zahl der Singlehaushalte und die wachsende Menge derer, die sich aus ihrer Beschäftigung »herausgemobbt« sehen, lassen hier enge Zusammenhänge erahnen.

[In diesem Buch geht es ja darum, eigene Probleme mit GFT zu erkennen und abzubauen. Deshalb kann hier nicht näher darauf eingegangen werden, was Eltern tun können, um für ihre Kinder günstige Modelle zu sein. Dies können Sie im Erziehungsratgeber »Auf ins Leben!« (Stavemann & Bergmann, 2019) erfahren.]

GFT-Probleme sind also darauf zurückzuführen, dass die Betroffenen keine günstigen Reaktionsmuster auf Frustrationen erlernt haben. Denn anders ließe sich die eklatante Zunahme dieses Problembereichs in den letzten Jahrzehnten nicht erklären. (Wir haben bereits gesehen, dass sich *vererbte* Reaktionsmuster nicht so schnell verändern.)

Fazit

GFT ist größtenteils angeboren. Ob daraus ein GFT-Problem wird, ist davon abhängig, wie gut jemand lernt, mit Frustrationen angemessen umzugehen.

1.1.3 Fallbeispiele für erlernte GFT-Reaktionsmuster

Um dies alles zu verdeutlichen, betrachten wir nun einige typische Beispiele für Reaktionsmuster, die zu GFT-Problemen führen.

Beispiel

Steffi, 22 Jahre, war immer der Star in der Familie, der ganze Stolz von Mama und Papa. Beide lasen ihr jeden Wunsch von den Augen ab, behüteten sie liebevoll und waren sorgsam darauf bedacht, dass es ihrer Tochter an nichts mangelt.

Mit 17 hat Steffi das Gymnasium verlassen (»Kein' Bock mehr auf so'n öden Scheiß!«), nachdem sie bereits das zweite Mal die zehnte Klasse besucht hatte. Bis dahin war ihr alles recht leicht gefallen und sie hatte die Schule ohne große Mühe und ohne Aufwand für Hausaufgaben durchlaufen. In der Oberstufe wurde es anstrengend und sie hätte mehr Einsatz zeigen müssen, um auch noch den Rest erfolgreich zu schaffen.

In der Klasse war Steffi einerseits als zickig und egozentrisch verschrien, andererseits aber auch beneidet wegen ihres selbstsicheren, schlagfertigen Auftretens und ihres guten Aussehens in stets modischer Kleidung. Und wo sie schon überall abends hin durfte …!

Da Steffi recht ansprechend aussieht, wollte sie als Model arbeiten. Sie bekam anfangs auch einige kleine Aufträge, hätte aber für den beständigen Erfolg mehr tun müssen, z. B. bewusster essen, früher ins Bett gehen, einen freundlicheren Umgang mit Kollegen und Auftraggebern pflegen. Das fand sie aber uncool und verlogen. Dann sollen die eben sehen, wie sie ohne sie zurechtkommen.

Seitdem lebt Steffi allein in ihrer Zweizimmerwohnung, die die Eltern finanzieren. Die letzte Beziehung, die länger als eine Woche gehalten hat, ist bereits zwei Jahre her. Typen sind echt anstrengend, immer diese Erwartungen! Da ist sie dann doch lieber alleine, auch wenn's häufig ziemlich öde ist.

Moritz, 35 Jahre, lebt vom Arbeitslosengeld II als Single in einer 1-Zimmer-Mansarden-Mietwohnung zusammen mit seiner professionellen DJ-Anlage.

Moritz ist bei seiner Mutter aufgewachsen, den Vater hat er sporadisch auf Wochenendbesuchen gesehen. Beide Eltern haben ihn nach ihren Möglichkeiten verwöhnt. Die Mutter, weil sie ihrem Sohn nichts abschlagen mochte – wo sie doch erst halbtags, dann Vollzeit arbeiten ging und abends überhaupt keine Lust mehr auf Stress, Auseinandersetzungen und schlechte Stimmung hatte. Zudem wirft sie sich vor, dass der Sohn ihretwegen ja schon auf den Vater verzichten musste – wo *sie* sich doch hat scheiden lassen. Da mochte sie ihm jetzt nicht auch noch weiteren Verzicht zumuten.

Der Vater zeigte sich bei den sporadischen Treffen von seiner besten »kumpelhaften« Seite und war bemüht, sich mit Sohnemann einen guten Tag zu machen. Die kurze Zeit, in der sie sich gesehen haben, mochte er nicht mit Erziehungsmaßnahmen und Zurechtweisungen belasten. Das hätte ohnehin nur zu unangenehmem Stress geführt, zum einen mit dem Sohn, und dann womöglich auch noch mit seiner Ex-Frau, die völlig andere Erziehungsregeln bevorzugt.

Moritz ist seit jeher von Musik begeistert und kennt sich in der Materie so gut aus, dass er bereits als 16-Jähriger in seinen Sommerferien abends in einer Teenie-Disko als DJ arbeiten konnte. Das war »obercool«, vor allem die Bewunderung, die ihm von der Tanzfläche entgegengebracht wurde. *Das* war ein Leben. Er ist deswegen dann auch kurz vor dem Abschluss von der Realschule abgegangen (»Zu spießbürgerlich. In solche Berufe will ich sowieso nie!«), um danach mehrfach pro Woche als DJ in Diskos zu arbeiten. Viele Jahre ging das gut, und es war »ein geiles Leben«: Nach der Arbeit noch mit einigen Bewunderern abhängen, einige Joints durchziehen, ab und zu One-Night-Stands einschieben… Freundschaften oder längere Beziehungen sind daraus aber nicht entstanden

(»Zu mühsam. Die einen wollen immer was, die anderen wollen einen andauernd verändern.«).

Irgendwann waren es dann wohl einige Joints zu viel, denn er schien den neuen Musiktrend verschlafen zu haben und wurde immer seltener gebucht.

Heute wird er noch manchmal gebeten, an Oldie-Abenden zu arbeiten, ansonsten dröhnt er sich zu und hat keine Idee, was ihn sonst noch interessieren oder motivieren könnte.

Hannes, 47 Jahre, arbeitet als Haus- und Grundstücksmakler. Er selbst besitzt ein geräumiges Einfamilienhaus in bester Lage, das er aber seit dem Kauf vor 15 Jahren allein bewohnt. Er ist Mitglied im Golfclub und im Schützenverein. Einen Freundeskreis hat er jedoch nicht. Seine Bekannten, die sich zwar gern mal auf ein Bier einladen lassen, halten ihn für zu egoistisch, dominant, rechthaberisch und streitsüchtig.

Hannes Eltern waren beide berufstätig und geschäftstüchtig. Der Vater hatte ein großes Autohaus, die Mutter leitete eine Model-Agentur. Hannes war zunächst in einem privaten Ganztagskindergarten, dann in der Schulzeit nachmittags häufig allein im Haus. Das wurde abends mit kleinen Geschenken vergütet. Die Eltern vermitteltem ihrem Sohn, dass er etwas ganz Besonderes sei und es nicht nötig habe, sich um andere zu kümmern oder sich um Spielkameraden zu bemühen. Hannes bekam so ziemlich alles, was er sich wünschte, solange er sich ruhig verhielt und die Eltern abends in Ruhe abspannen ließ. Zwischenzeitlich hatte er auch einen Weg gefunden, das zu bekommen, was er eigentlich nicht bekommen sollte: Er begann, Deals mit seinen Eltern abzuschließen. Die sahen z. B. so aus: »Wenn ihr heute ins Theater wollt und ich allein hierbleiben muss, dann bekomme ich das Poloshirt, das ich euch letzte Woche gezeigt habe.« So entwickelte er seine eigene Geschäftstüchtigkeit – und die Eltern fanden das klasse.

Leider flippte Hannes seit der Pubertät immer öfter aus, schrie herum, wurde verbal aggressiv und ausfallend, wenn er nicht bekam, was er wollte. Oft lenkten dann die Eltern ein und gaben nach, um endlich ihre Ruhe zu haben.

Heute gilt Hannes als eloquenter Geschäftsmann, aber in erster Linie nur auf seinen eigenen Vorteil bedacht. Niemand wundert sich, dass er finanziell so gut aufgestellt ist. Seine beiden Mitarbeiterinnen wechseln häufig, denn niemand hält es länger als einige Monate bei ihm aus. Zu massiv sind seine Ausfälligkeiten, sein wüstes Beschimpfen und Drohen, wenn einmal etwas gegen seinen Willen läuft. Und auch schon manche Kunden haben nach so einem Auftritt wortlos das Büro verlassen.

Hannes regt sich inzwischen so oft auf, dass er unter Bluthochdruck und Magenproblemen leidet.

Menschen wie Hannes merken schon früh, dass sie immer dann bekommen, was sie wollen, wenn sie nur lange genug herumquengeln. Sollte Quengeln nicht mehr ausreichen, um das Erwünschte zu erhalten, handeln sie nach dem Motto »Viel hilft viel« und probieren die nächste Stufe auf der Lästigkeitsskala aus. So beherrschen sie irgendwann sämtliche Stufen verbaler und nonverbaler Aggression, die sie in zunehmendem Maße auch ausleben – vom wütenden Aufstampfen über das Zerschmettern von Gegenständen bis hin zum tätlichen Angriff.

Aus obigen Beispielen erkennen wir, dass sich GFT-Konzepte in der Regel wie ein roter Faden durch das bisherige Leben ziehen.

1.2 Wann wird GFT zum Problem?

Wie für alle anderen psychischen Probleme gibt es auch für GFT kein allgemein gültiges, objektives Kriterium, ab wann es zu einem veränderungsbedürftigen Problem wird. Dies muss letztendlich immer die betroffene Person selbst entscheiden: Ab wann sind mir die dadurch ausgelösten Konsequenzen so unangenehm oder schädlich, dass ich etwas dagegen unternehmen möchte?

Wir stellten fest, dass diese Konsequenzen aus psychischen Beschwerden bestehen können, wie z. B. Angst- und Zwangserkrankungen, Depressionen oder Ärgerstörungen, psychosomatische Erkrankungen, Verhaltensauffälligkeit, Tics und Suchtverhalten, oder in Form sozialer und beruflicher Konsequenzen auftreten, wie z. B. soziale Ausgrenzung oder Vereinsamung, Mobbing, Arbeitsplatz- und Beziehungsverlust.

Hier muss jeder selbst entscheiden, ab wann die Konsequenzen so massiv werden, dass man bereit ist, die dafür verantwortlichen GFT-Konzepte zu verändern.

1.3 Wie wird man GFT los?

Die meisten, die unter GFT leiden, kennen bereits die für sie zutreffende Lösung: Forderer müssten toleranter werden, Vermeider müssen lernen, dass der Weg zu langfristiger Lebenszufriedenheit kurzfristig durchaus lästig sein kann, und sie müssten bereit sein, die nötige Einsatzbereitschaft für ihre eigenen Ziele aufzubringen. Aber wir alle wissen, dass ein einfach zu beschreibender Weg nicht unbedingt auch einfach zu gehen ist. Das gilt insbesondere für GFT.

Manche Außenstehende fragen sich: »Wenn jemand solche Nachteile durch seine GFT hat, wieso verhält er oder sie sich nicht anders, um die negativen Konsequenzen, die daraus erwachsen, nicht mehr aushalten zu müssen?« Nun, das hat verschiedene Gründe. Aber die beiden wichtigsten für Menschen mit GFT sind wohl

- die Bequemlichkeit und
- der Krankheitsgewinn.

Die Bequemlichkeit

Wir stellten fest, dass es eine angeborene Tendenz von Menschen ist, möglichst wenig Energie beim Zieleverfolgen aufzuwenden. So weit, so gut. *Diese* Art von Bequemlichkeit ist unschädlich. Problematisch wird es, wenn wir nach *unbedingter* Bequemlichkeit streben: Egal, ob ich dann meine Ziele erreiche; egal, was sie mich langfristig kostet, d. h. welche dauerhaften negativen Konsequenzen damit später verbunden sind. Und Menschen mit GFT finden es bekanntermaßen unendlich schwer, ihren inneren Schweinehund zu überwinden und das Nötige zu tun, um nicht langfristig zu leiden.

Der Krankheitsgewinn

Es ist eine Binsenweisheit: Jede Sache hat mindestens zwei Seiten, eine Vorder- und eine Rückseite. Alles hat stets Vor- und Nachteile zugleich. Die Frage ist nur, in welchem Verhältnis beide zueinanderstehen. Überwiegen die Vor- oder die Nachteile? Das gilt auch für erlernte psychische Probleme im Allgemeinen und für die GFT im Besonderen. Auch hier gibt es Vor- und Nachteile des Problems. Wegen der Nachteile kommen die Betroffenen in die Therapie oder Beratung, *die* sollen weg. Aber wegen der Vorteile eines Problems hat noch nie jemand gemeckert. *Die* sollen bitte auch nicht angerührt werden!

Nun, das ist uns natürlich klar: *So* geht das nicht. Das wäre ja so, als wenn jemand sagte: »Ich möchte gern Ihren schönen Kristallspiegel kaufen. Ich will aber nur die Vorderseite. Die Rückseite können Sie behalten.« Man kann nur versuchen, eine Sache als Ganzes zu bekommen oder loszuwerden. Wenn das gelingt, sind damit aber neben den Nachteilen aber auch die damit verbundenen Vorteile futsch. Wir werden daher zunächst genau abwägen und schauen, ob die Vor- oder die Nachteile überwiegen, bevor wir uns entscheiden.

- Überwiegen die Vorteile, verändern wir nichts und lernen, die lästigen Nachteile den überwiegenden Vorteilen zuliebe in Kauf zu nehmen. Solche Akzeptanz fällt gerade jemandem mit GFT außerordentlich schwer.
- Überwiegen die Nachteile, versuchen wir loszuwerden, was uns diese Nachteile einbrockt. Wir müssen dann allerdings auch auf die (geringeren) Vorteile verzichten, die wir davon hatten. Auch dies ist für eingefleischte GFT-Vertreter ein empörenswerter Vorschlag: auf etwas Positives zu verzichten.

Häufig sind wir uns jedoch gar nicht der meist sehr kurzfristigen Vorteile unseres GFT-Problems bewusst und wir reagieren ärgerlich, wenn wir hören, dass es so etwas geben soll. Aber auch bei GFT gibt es sie immer. Sie sind nur nicht für jeden leicht zu erkennen, schon gar nicht, wenn wir selbst davon betroffen sind.

Jedoch ohne solche kurzfristigen Vorteile gäbe es auch das Problem nicht. Sie sind dafür verantwortlich, dass das Problem entstanden ist und dass wir es weiter am Laufen halten.

Fazit

Als *Krankheitsgewinn* bezeichnet man die meist nur sehr kurzfristigen Vorteile eines Problems. Ihnen zuliebe werden dann (oft unbewusst) die weitaus schwerwiegenderen, langfristigen Nachteile in Kauf genommen.

Um Krankheitsgewinne in Zukunft leichter zu erkennen, versuchen wir sie nun, in den zuvor betrachteten Beispielen zu entdecken.

Beispiel

Steffi. Steffis Krankheitsgewinn liegt im kurzfristigen Maximieren ihres Lustgewinns und ihrer Bequemlichkeit: Sie macht nur das, wozu sie Lust hat und vermeidet alles, was sie mühsam oder langweilig findet. Der Vorteil ihrer sozialen Isolation besteht darin, dass sie keine Kompromisse machen muss und sich nicht um andere zu kümmern braucht.
Moritz. Moritz hat dieselben Krankheitsgewinne wie Steffi.
Hannes. Dass Hannes so erfolgreich ist, liegt nicht an seinem mühsamen Hocharbeiten. Er hat Glück, dass er etwas machen kann, wozu er Lust hat. Er macht gern Geschäfte und ist dabei gern auf seinen Vorteil bedacht. Deswegen gilt für ihn: Je mehr davon, umso besser.

Auch sein Krankheitsgewinn liegt im kurzfristigen Maximieren von Lustgewinn und Bequemlichkeit, nur dass dies in seinem Fall nicht so augenfällig negative Konsequenzen hat wie bei Steffi und Moritz, die mit ihrer GFT ja weniger erfolgreich dastehen.

Der kurzfristige Vorteil von Hannes Aggression ist, dass andere ihn dann eher gewähren lassen und dass er häufiger bekommt, was er will. Der Vorteil aus seiner sozialen Isolation besteht darin, dass er keine Kompromisse machen und sich nicht um andere kümmern muss.

Je häufiger jemand mit so einer »Lästigkeit-Wutstrategie« Erfolg hat und bekommt, was er will, umso häufiger wird er sie einsetzen – bis er irgendwann überhaupt keine andere mehr benutzt. Dieses Phänomen heißt »Lernen am Erfolg«. So etwas hat nicht nur Vorteile (wie z. B. das momentane Erreichen eines Ziels), sondern geht mit heftigsten Nebenwirkungen und Nachteilen auf gesundheitlicher und sozialer Ebene einher. Damit beschäftigen wir uns ausführlich in Kapitel 2.

Und jetzt Sie!

Bitte beantworten Sie die nachstehenden Aufgaben schriftlich.

Aufgabe 1: Suchen Sie bei sich selbst Bereiche, in denen Sie mit GFT reagieren und beschreiben Sie konkrete Beispiele dafür. Das heißt:

- Wann neige ich dazu, mit Ärger oder Aggression zu reagieren, wenn einmal etwas nicht so ist, wie ich es mir vorstelle?
- Wann neige ich dazu, aus Bequemlichkeit etwas zu vermeiden, obwohl mir gleichzeitig klar ist, dass es gut für mich wäre, wenn ich es tue bzw., dass ich es sowieso irgendwann erledigen muss, wenn ich meine Ziele erreichen will?

Aufgabe 2: Woher und seit wann kenne ich solche Denk- und Verhaltensmuster? Von wem habe ich mir diese (bewusst oder unbewusst) abgeschaut?

Aufgabe 3: Was sind die (oft sehr kurzfristigen) Vorteile dieser Denk- und Verhaltensweisen, d.h.: Was habe ich ganz kurzfristig davon?

Aufgabe 4: Was sind die langfristigen Kosten meiner GFT-Konzepte und -Verhaltensmuster? Welche konkreten Nachteile habe ich aktuell dadurch? Welche drohen mir?

2 Beispiele für GFT-Konzepte und ihre Auswirkungen

Wir sahen im Abschnitt 1.1.2, dass wir alle ein gewisses »normales« Maß an GFT besitzen. Wie bei den übrigen psychischen Problembereichen gilt auch für die GFT, dass es darauf ankommt, *wie sehr* jemand danach handelt. Es geht *nicht* darum, dass man sie entweder hat oder eben nicht. Hierbei gilt die Regel: Je ausgeprägter die GFT, umso stärker sind die negativen Konsequenzen, die darauf zurückzuführen sind.

Wenn wir nachfolgend die Auswirkungen von GFT betrachten, dann tun wir das der Deutlichkeit halber an Beispielen, die eine sehr ausgeprägte GFT besitzen. Weniger auffällige GFT führt auch zu geringerer Belastung und zu weniger drastischen Konsequenzen.

2.1 Beispiele für Forderer und deren Konsequenzen

Zugegeben, das hätten wir wohl alle gern: Die Welt, ihre Bewohner und das Schicksal sind *genau so*, wie wir das wünschen. Leider ist das absolut unrealistisch und die meisten haben das bereits bedauernd zur Kenntnis genommen: »So isses.« Aber manche wollen das einfach nicht akzeptieren. Sie fordern weiter, dass es *genau so* zu sein hat, wie sie es für richtig halten. Und wehe, wenn das nicht so ist!

In Abschnitt 1.1.3 lernten wir Hannes als typischen Forderer kennen. Betrachten wir nun weitere Beispiele.

2.1.1 Wahrheitsvertreter

Beispiel • Frau Hauptmann

Frau Hauptmann, 35 Jahre, Rechtsanwaltsfachangestellte, kommt als »Mobbing-Opfer« in die Beratung. Sie beklagt, nun schon zum wiederholten Mal am Arbeitsplatz vom Chef und den Mitarbeitern gemobbt worden zu sein. Diesmal sei es noch fürchterlicher als an den früheren Arbeitsstellen, die sie auch wegen Mobbings habe aufgeben müssen.

Weitere Nachfragen ergeben, dass Frau Hauptmann einige Angewohnheiten pflegt, die weder bei den Kolleginnen und Kollegen noch beim Chef besonders gut ankommen. So habe sie bereits von Beginn an versucht, die vorgefundenen Abläufe und Gepflogenheiten im Büroalltag nach ihren Normen zu »reformieren«. Dabei habe sie sich anfänglich noch ausführlich Zeit genommen, die Kolleginnen und Kollegen von der Nützlichkeit und Korrektheit ihrer Veränderungswünsche zu überzeugen – nun gut, es seien vielleicht weniger Wünsche als Forderungen gewesen, aber die alten Vorgehensweisen seien einfach falsch. Schließlich müsse sie das alles ausbaden. Da wird man sich doch wohl noch wehren dürfen!

Lernziel: Akzeptanz

Manchmal habe sie sich auch etwas deutlicher abgrenzen müssen, wenn die anderen das einfach nicht akzeptieren wollten.

Unverschämt sei auch, dass die Kollegen sie aufgefordert hätten, einen Teil der dringenden Akten ihrer erkrankten Kollegin mit zu erledigen. Dafür könne *sie* doch nichts! So etwas darf man denen nicht durchgehen lassen!

Und der Gipfel sei dann das Ansinnen des Chefs an sie – na ja gut, die anderen wurden auch gefragt – bezahlte Überstunden zu schieben, um den Ausfall der erkrankten Kollegin zu kompensieren. Auch das sei nicht in Ordnung, denn laut Arbeitsvertrag dürfe sie um 17 Uhr gehen. Und dann brauche sie auch ihre Erholung.

Schließlich komme sie ja auch pünktlich, zumindest meistens. Und wenn nicht, sei nicht sie daran schuld, sondern der unpünktliche Bus oder die kränkelnde Tochter, die mal wieder nicht rechtzeitig zur Schule wollte.

Ihr vorzuwerfen, sie verhalte sich unkollegial und könne sich nicht einordnen, sei ja wohl das Letzte. *Da* könne sie *so* nicht weiterarbeiten. Sie wolle auf eine Abfindung klagen.

Im weiteren Vorgehen wird mit Frau Hauptmann beleuchtet, woran es liegen könnte, dass *gerade sie* immer wieder in solche Situationen gerät, in denen sie auf Ablehnung stößt und schließlich von anderen ausgegrenzt wird.

So lange sie den Zusammenhang zwischen ihrer eigenen Haltung und der Reaktion ihrer Umwelt darauf nicht erkennt, wird sie weiter andere für Situationen verantwortlich machen, zu denen sie selbst zumindest beigetragen hat.

Lernziel: Problemeinsicht

Diesen Teil an selbst Steuerbarem (und damit auch in der Eigenverantwortung Liegendem) gilt es zunächst zu erkennen. Dazu wird Frau Hauptmann etwas lernen müssen, was ihr vermutlich bisher noch niemand beigebracht hat: Sie wird sich in die Lage anderer versetzen, um aus dieser Position das eigene Handeln zu beurteilen. So etwas nennt man die »Fähigkeit zum sozialen Rollenwechsel« oder auch »reflexive Persönlichkeit«. Nur wenn sie das lernt, wird sie künftig die wahrscheinlichen sozialen Konsequenzen ihrer eigenen Haltungen und Handlungen vorhersehen und diese unterbinden, falls ihr nicht gefällt, was sie da an Konsequenzen auf sich zukommen sieht. Sie kann dann entscheiden, ob sie ihr altes Konzept ändern will, weil ihr die daraus erwachsenden Konsequenzen zu »teuer« sind und ob sie bereit ist zu akzeptieren, dass einige es anders für richtig halten als sie selbst. Und wenn sie nicht ausgegrenzt werden möchte, kann sie versuchen, das Nötige dafür zu tun, um sich mit ihrem Verhalten nicht selbst auszuschließen.

Lernziel: Einsatzbereitschaft

In jedem Fall kann sie eines aus eigener Kraft erreichen: Sie wird sich weitaus weniger ärgern, wenn sie akzeptiert, dass es keine allgemein richtige Lösung gibt. (Wie Frau Hauptmann das erreicht, betrachten wir im Abschnitt 5.2.1.)

Bei Wahrheitsvertretern haben wir es mit Leuten zu tun, die zu wissen meinen, was für alle gut und richtig ist. Ihre Überzeugung, dass es eine allgemeingültige richte Lösung für alle und alles gibt, ist typisch für dieses GFT-Konzept.

2.1.2 Gerechtigkeitsapostel

Gerechtigkeitsapostel besitzen eine klare moralische Vorstellung, wenn sie fordern: *Es muss immer gerecht zugehen!* In diesem GFT-Konzept wird etwas unabdingbar gefordert, was in unserem Alltag nicht existiert.

Beispiel • Herr Richter

Herr Richter, 52 Jahre, Schornsteinfegermeister, verheiratet, zwei erwachsene Kinder, kommt wegen seiner psychosomatischen Beschwerden in die Therapie. Er leide unter Beschwerden im Magen-Darm-Trakt und des Herz-Kreislauf-Systems – alle ohne körperliche Ursache. Deswegen habe der Internist zu einer Psychotherapie geraten. Zudem leide er unter Schlafstörungen und sei tagsüber entsprechend schlapp und unkonzentriert. Er wisse auch nicht, wie da eine Psychotherapie helfen soll, sei aber dennoch gekommen, weil es ihm so schlecht gehe.

In der Anamnese werden schnell die emotionalen Stressoren deutlich, die zu häufigen, sehr hohen Erregungsniveaus führen: Herr Richter reagiert hochgradig erregt, wenn er auf Situationen oder Verhaltensweisen trifft, die er für ungerecht hält. Sei es beim Fernsehen, Zeitunglesen, im Berufsalltag aber auch im Privatleben: Sobald er Ungerechtigkeit wahrnimmt, reagiere er mit Ärger und Zorn, er könne dann förmlich aus der Haut fahren. Er laufe dann im Gesicht tiefrot an, sodass sich auch seine Frau zunehmend sorge, er könne einen Infarkt erleiden. Als Beispiel schildert Herr Richter die Situation von heute Morgen im Betrieb: Der Geselle habe berichtet, dass die neue Gebührenordnung nun doch unverändert in Kraft tritt. Da sei er schier ausgerastet, habe herumgeschrien und seinen Kugelschreiber durch den Raum geworfen. Es sei einfach ungerecht, immer mehr Leistungen für dieselbe Gebühr zu erwarten. Immer auf die Kleinen! Die Großen bedienten sich ohnehin alle selbst.

Im ersten therapeutischen Schritt wird mit Herrn Richter der Zusammenhang zwischen häufigen, hohen Erregungsniveaus und körperlichen Reaktionen untersucht, im zweiten, woran es liegt, dass *er sich* immer wieder so erregt. Dazu wird auch der Zusammenhang von Denkweisen und Gefühlsreaktionen besprochen. Erst wenn Herr Richter diese Abhängigkeiten erkennt, begreift er, weshalb er wegen emotionaler Reaktionen (Zorn) körperlich so reagiert und was er selbst tun kann, um sich weniger aufzuregen.

Lernziel: Problemeinsicht

Hat er erkannt, inwieweit er selbst für seine psychosomatischen Probleme verantwortlich ist, kann er damit beginnen, etwas zu verändern.

Dazu wird er über sein Gerechtigkeitskonzept nachdenken und erkennen, dass er etwas fordert, was im Alltag nicht zu beobachten ist (s. hierzu auch Abschnitt 4.2.1). Noch härter wird es sein zu erkennen, dass er selbst nur dann Gerechtigkeit fordert, wenn es zu seinem Vorteil ist und ansonsten Ungerechtigkeit gern in Kauf nimmt.

Lernziel: Akzeptanz

Auch Herrn Richters Lernziel besteht in Akzeptanz: Es ist so, wie es ist. Hat er Einfluss auf die Situation, kann er versuchen, sie zu verändern. Falls nicht, bleibt sie so, mit oder ohne Zorn und dessen körperliche Konsequenzen.

2.1.3 Königskinder

Hierzu haben wir im Abschnitt 1.1.3 das Beispiel von Steffi betrachtet, von Beruf Tochter. Die Eltern haben ihre kleine Prinzessin nahezu bedingungslos geliebt, umhegt und grenzenlos verwöhnt. Schauen wir uns nun Steffi zehn Jahre später an.

Beispiel • Steffi

Steffi, 32 Jahre, arbeitslos, lebt allein in ihrer 2-Zimmer-Mansardenwohnung, die sie vor fünf Jahren von den Eltern geschenkt bekam. Beide sind letztes Jahr tödlich verunglückt. Seitdem hadert Steffi mit dem Schicksal und sie klagt über zunehmende Deprimiertheit. Ihren Lebensunterhalt könne sie nur noch wenige Monate von ihrem Erbe bestreiten. Danach wisse sie nicht weiter. Einen Beruf habe sie nicht erlernt und für das Modeln sei sie inzwischen nicht mehr attraktiv genug. Das Leben sei echt ungerecht und gemein zu ihr. Auf das, was sie nun vor sich sehe, habe sie überhaupt keinen Bock. Auch beziehungsmäßig sei alles öde. Sie habe schon längere Zeit keinen Partner mehr gehabt, aber es sei überhaupt nicht ihre Art, selbst nach einem zu suchen. Was sie da auf sich zukommen sehe, sei unerträglich mühsam. Steffi leidet unter Depression.

Lernziel: Einsatzbereitschaft

Gut gemeint ist nicht immer gut gemacht. Steffis Eltern wollten wirklich nur das Beste für ihre Tochter. Dabei versäumten sie leider, sie zur Selbstständigkeit, Eigenverantwortung und Lebensfähigkeit zu erziehen. Dies muss Steffi nun mühsam nachlernen, wenn sie jemals aus der depressiven Ecke heraus will. Dazu benötigt sie neben realistischen Lebenszielen vor allem eines: Einsatzbereitschaft, um ihre Ziele eigenständig und eigenverantwortlich zu verfolgen. Das wird leider mühsam.

In diesen Forderer-Beispielen wird noch einmal deutlich, wie bedeutsam die Lernziele *Akzeptanz* und *reflexive Persönlichkeit* für Menschen mit GFT sind. Im weiteren Verlauf stoßen wir deshalb ständig aufs Neue auf diese Lernziele:

Fazit • Lernziele für Forderer

Akzeptanz: »So isses.« Es ist, wie es ist. Darauf habe ich keinen Einfluss (oder jetzt keinen Einfluss mehr) und ich akzeptiere das. [Zur Erinnerung: *Akzeptieren* heißt nicht, es »gut« oder »egal« zu finden. Es bedeutet lediglich, dass ich es so (an)nehme, wie es ist.]

Reflexive Persönlichkeit: »Was für mich richtig ist, kann für andere falsch sein.« Ich akzeptiere, dass es keine einzige für alle richtige Verhaltensweise, Sicht oder Lösung gibt. Dazu sind die Ziele und Vorlieben der Menschen zu unterschiedlich.

2.2 Beispiele für Vermeider und die Konsequenzen der »Aufschieberitis«

Im Abschnitt 1.1.3 lernten wir Moritz als Vertreter dieser GFT-Gattung kennen. Aber diese hat noch weitaus mehr Varianten zu bieten, die wir nun betrachten.

2.2.1 Kurzfristige-Lust-Maximierer

»Morgen, morgen, nur nicht heute« ist das wohl bekannteste Motto der Kurzfrist-Lust-Maximierer, wenn es wieder einmal darum geht, etwas Unangenehmem auszuweichen.

Lästige Dinge vor sich herschieben …, wer kennt das nicht? Zu ernsthaft negativen Konsequenzen führt so etwas meist erst,

- wenn jemand diese nachvollziehbare Tendenz zum absoluten Prinzip erklärt (»Du sollst nur Dinge tun, zu denen du Lust hast!«) und dann irgendwann einen Berg unerledigter Aufgaben vor sich herschiebt und davon dann regelrecht erdrückt wird oder
- wenn jemand lediglich eine einzelne Entscheidung oder Handlung aufschiebt, die aber so immens bedeutsam ist, dass sie extrem negative Konsequenzen nach sich zieht, wenn sie nicht rechtzeitig gefällt oder erledigt wird.

Dass solche »Aufschieberitis« keine neumodische Erfindung ist, sondern auf eine lange Geschichte mit entsprechend vielen untauglichen Vorbildern zurückblicken kann, zeigt ein über 2000 Jahre alter Satz des Philosophen Hesiod: »Ewig ringt der Mensch, der aufschiebt, mit seinem Verderben.«

Diese drastische Aussage bringt auf den Punkt, worum es hier geht: Die häufig unsägliche Belastung, die sich jemand aufbürdet, weil man wieder einmal eigene Ziele aufschiebt – und zwar nicht aus Zeitmangel, sondern aus »Unlust«. Hier wird der natürliche Hang zur Bequemlichkeit auf die Spitze getrieben.

Betrachten wir eine typische Vertreterin hierfür.

Beispiel • Frau Prokrastl

Frau Prokrastl, 29 Jahre, verheiratet, eine Tochter (2 Jahre), selbstständige Versicherungskauffrau, hat mal wieder Migräne. Sie klagt über immensen Stress und über totale private und berufliche Überlastung. Das führe nun auch schon zu Panikanfällen und Schlafstörungen. Da müsse sich dringend etwas ändern, denn sie könne ihren beruflichen Aufgaben nicht mehr so nachkommen, wie sie das für notwendig halte.

Nach den Ursachen für ihren Stress befragt, offenbart Frau Prokrastl »einige Baustellen«, mit denen sie sich seit Wochen herumschlage. Im beruflichen Bereich sei sie sowohl mit ihrer Einkommen- als auch mit ihrer Umsatzsteuererklärung im Verzug. Sie habe bereits zwei Fristen versäumt und nun drohten erhebliche finanzielle Nachteile, wenn sie deswegen vom Finanzamt »eingeschätzt« wird. Sie habe wirklich Spaß an ihrem Beruf und sie sei auch recht erfolgreich in der Akquisition, aber für *so* etwas wie eine Steuererklärung habe sie schlichtweg nie Zeit gefunden. Zudem sei ihr vor zehn Monaten das Büro gekündigt worden. Sie habe bisher noch keine Gelegenheit gefunden, sich um neue Räumlichkeiten zu kümmern. Für so ein Herumgerenne fehle ihr einfach die Zeit. Andererseits: Die unverschämten Maklergebühren wolle sie auch nicht zahlen. In zwei Wochen müsse sie nun ausziehen. Aber wohin?

Privat sei eigentlich alles super. Sie liebe ihren Mann und ihre Tochter. Aber eigentlich hatte sie sich immer vorgenommen, mehr Zeit mit beiden zu verbringen. Nun mache sie sich täglich Vorwürfe, wenn sie die Tochter mal wieder von früh bis spät in der Krippe abgibt. Auch ihr Mann murre inzwischen und frage ironisch, ob sie eigentlich noch mit ihnen zusammenwohne. Aber beruflicher Erfolg sei eben nicht umsonst zu haben – das versuche sie beiden regelmäßig zu vermitteln.

Neuerdings liegt ihr noch etwas auf der Seele: Ihre Mutter dürfte eigentlich nicht mehr alleine wohnen. Sie habe bei ihren Besuchen schon öfter bemerkt, dass diese »durcheinander« und oft sogar völlig desorientiert ist. Glücklicherweise sei bisher alles gut gegangen, aber nun müsse dringend etwas geschehen. Eigentlich habe sie der Mutter versprochen, sich um sie zu kümmern, wenn es einmal so weit ist. Ihr Mann wäre damit auch einverstanden, denn ihr Haus sei dafür wirklich groß genug. Allerdings wisse sie gar nicht, woher sie dann die dafür nötige Zeit aufbringen soll. Am liebsten brächte sie sie in ein Pflegeheim, aber sie traue sich nicht, darüber mit ihrer Mutter zu sprechen.

Frau Prokrastl möchte, dass der Therapeut ihr hilft, ganz schnell wieder so arbeitsfähig zu werden, wie sie es vorher war. »Vielleicht mit Tiefenentspannung oder Hypnose?«

Lernziele

Frau Prokrastl muss zunächst erkennen, dass Entspannungsverfahren oder jede andere Art, die beklagten emotionalen und körperlichen Beschwerden direkt zu behandeln, an deren Ursachen nichts ändern. Ihr altes GFT-Konzept und all die bisher vor sich hergeschobenen lästigen Aufgaben blieben dadurch weiter ungelöst. Und damit drohen weiterhin die daraus resultierenden Konsequenzen.

Der Therapeut wird daher mit Frau Prokrastl zuerst an ihrer Problemeinsicht arbeiten, um ihre Veränderungsmotivation zu erhöhen.

Anschließend wird an ihrer Einsatzbereitschaft gearbeitet. Dabei kann er an ihre eigene Erfahrung anknüpfen: Sie hat ja in beruflicher Hinsicht bereits in Teilbereichen gelernt und akzeptiert, dass »Erfolg nicht umsonst zu haben ist«.

Diese Erkenntnis gilt es nun auch für die restlichen beruflichen und privaten Ziele anzuwenden. Dazu wird Frau Prokrastl sich zunächst über ihre Ziele klar werden bzw. sich entscheiden, welche Alternative sie wählen will. Danach wird sie den beschriebenen Weg aber auch gehen müssen, um ihre Beschwerden dauerhaft loszuwerden.

Was uns Frau Prokrastl vormacht, ist ganz typisch für Menschen mit Aufschieberitis: Es geht gar nicht darum, sich einen möglichst faulen Tag zu machen oder darum, möglichst schnell möglichst viele Sahnehäubchen zu vernaschen, sondern darum, etwas Bestimmtes *jetzt! nicht!* machen zu müssen. Die Gründe dafür können vielfältig sein:

- Man befürchtet, es könnte nicht »richtig« oder »gut« werden und dann lästige Folgen haben.
- Man findet es extrem lästig, sich *jetzt* damit zu befassen, sich *jetzt* darauf zu konzentrieren.
- Man will *jetzt* keine lästiges Auseinandersetzen »im Interesse von anderen«.
- Man hält die momentane Situation für nicht optimal (»Um so etwas angemessen zu machen, sollte ich nicht müde sein / mich besser konzentrieren können / keine Kopfschmerzen haben / ungestört und nicht hungrig oder durstig sein / kein schmutziges Geschirr herumstehen haben / die Wohnung aufgeräumt, eingekauft, geduscht, Staub gesaugt, die Fenster geputzt, gebügelt, meine Mutter besucht … haben«).

Wir sehen: Menschen mit Aufschieberitis haben kein bequemes Leben. Sie haben oft alle Hände voll damit zu tun, sich immer wieder aufs Neue etwas einfallen zu lassen, was sie *unbedingt* statt des eigentlichen Vorhabens noch machen sollten. Und das, was sie dann tun, ist meist auch nicht spaßig – aber eben doch nicht ganz so schlimm wie das, was sie *eigentlich* vorhaben, aber doch lieber vermeiden. Kurzfristige Entlastung können sie dann noch nicht einmal genießen, denn im Hinterkopf ist stets präsent, was da noch auf sie wartet.

Häufig erkennen wir schon selbst, dass wir wieder einmal ausweichen, uns stattdessen etwas Unsinniges oder Unwichtiges vornehmen. Vielleicht tadeln oder hassen wir uns sogar dafür – und tun es trotzdem.

»Carpe diem«-Fans

Die vom römischen Dichter Horaz im 1. Jh. v. Chr. vermittelte Haltung »Carpe diem!« fordert dazu auf, das Leben von der positiven Seite zu nehmen und den Augenblick zu leben. Diese Botschaft ist schon damals nicht ungehört verhallt, sie wurde und wird dabei allerdings auf unterschiedliche Weise interpretiert: als »Nutze den Tag!« und als »Genieße den Tag!«. Wir wundern uns nicht, dass Menschen mit GFT gerade die zweite Variante begierig aufgesogen haben und damit ihr Motto begründen, möglichen Genuss nicht auf die lange Bank zu schieben.

Eine andere Form dieser Haltung finden wir im ebenso häufig zitierten Satz »Der Weg ist das Ziel!« Ihre Anhänger sind geübt im »Sich-treiben-Lassen«. In der Annahme, alles sei ohnehin vorbestimmt, verweigern sie konsequent, für irgendwelche »stressigen« Ziele Verantwortung zu übernehmen.

Was beide Varianten eint, ist die absolute »Genuss-jetzt!«-Haltung. Dabei ist der Genussbegriff weit ausgelegt: Er meint nicht nur das möglichst grenzenlose Einverleiben sinnlicher und körperlicher Annehmlichkeiten, sondern auch die Bequemlichkeit und Entlastung, die das Aufschieben und Vermeiden von allem Lästigen, Mühsamen oder Unerwünschten mit sich bringen.

Betrachten wir dies an einem Beispiel.

Beispiel • Frau Float

Frau Float, 28 Jahre, Single, ohne Schulabschluss, Gelegenheitsjobberin, hat es nicht leicht. Sie klagt über andauernde Niedergeschlagenheit und mangelndes Selbstvertrauen. Sie sei einsam und finde, dass das Schicksal sie arg benachteiligt. Es sei alles so gemein! Sie möchte endlich auch ein Leben haben, mit dem sie zufrieden ist.

Auf die Frage, wie dieses Leben denn aussehen soll, erhält der Therapeut zunächst nur unkonkrete Antworten wie: »Es sollte sich lohnen, zu leben. Es sollte mir gefallen. Ich will zufrieden sein.«

Zunächst versucht der Therapeut zu klären, wie ihr Leben denn aussehen muss, damit Frau Float es als lohnend und schön erlebt. Dabei wird deutlich, dass sie davon überhaupt keine konkrete Vorstellung hat. Auf die Frage, was sie denn mit dem Rest ihres Lebens noch so vorhat, meint sie: »Ein Leben kann man nicht planen. Das sieht man doch jeden Tag, wie oft Menschen bei ihren Zielen etwas dazwischenkommt. Das ist irgendwie alles vorherbestimmt. Darauf hat man keinen Einfluss. Deswegen sollte man nicht planen.«

Der Therapeut fragt, wobei Frau Float denn Hilfe erwarte, wenn alles schicksalhaft vorherbestimmt ist. Erst nach langem Zögern ist sie dann doch bereit, einen möglichen Einfluss auf den Lebensinhalt und -ablauf in Betracht zu ziehen. Aber das, was einem möglich ist, sei doch meist ziemlich anstrengend und – vor allem – es sei extrem unsicher, ob sich diese Anstrengung letztendlich auch lohnt.

Im weiteren Gespräch ergibt sich, dass Frau Float bisher konsequent allen lästigen Anforderungen ausgewichen ist und sich aus Sorge um die damit verbundene Anstrengung nie weiterführende Ziele gesetzt hat. Auf der Leistungsseite hat sie wenig zu verbuchen. Die Schule hat sie abgebrochen, sobald es möglich war. Um eine Lehrstelle hat sie sich nie bemüht. Auf der sozialen Schiene hat sie auch keine Erfolge zu vermelden. Auf Beziehungen hat sie sich nur sporadisch eingelassen (»Bloß keine Verbindlichkeiten und keine Verpflichtungen!«). Kontakte pflegt sie grundsätzlich nicht, auch nicht zu ihrer Herkunftsfamilie (»Die wollen mich sowieso nur ändern«).

Prinzipiell ist weder etwas gegen die These »der Weg ist das Ziel« einzuwenden noch dagegen, dass Menschen sich entscheiden, an schicksalhafte Vorherbestimmung zu glauben. Nur – wie alles andere auch: So etwas hat seinen Preis. Wer sich gerne »im Hier und Jetzt« treiben lässt und dabei beobachtet, wie die eigene Lebenszeit an einem vorbeizieht, hat damit kein Problem, solange man damit zufrieden ist, wo *es* einen gerade hintreibt.

Zum Problem wird es erst dann, wenn man sich treiben lassen will (z. B. um nicht für bestimmte Ziele gegen die Strömung schwimmen zu müssen) und gleichzeitig eine klare Vorstellung davon hat, wohin es einen, bitte schön, denn treiben soll – und wohin lieber nicht. Erst dann kommen typische GFT-Haltungen zum Vorschein:

- »Ich will etwas, aber es darf mich nichts kosten.«
- »Ich möchte den gleichen Erfolg wie andere, aber ich will es ohne den Einsatz, den die dafür zahlen.«

Als erstes wird der Therapeut mit Frau Float an ihrer Problemeinsicht arbeiten. Sie muss sich eingestehen, dass der Ist-Zustand so ist, wie er ist, weil sie sich bisher immer wieder aufs Neue entschieden hat, sich lieber »treiben« zu lassen, statt sich für irgendwelche Ziele anzustrengen. Dazu muss sie auch die Idee von der schicksalhaften Vorherbestimmung aufgeben, denn welchen Sinn hätte sonst ein Änderungsversuch?

Lernziele

Anschließend wird Frau Float sich festlegen, wie und mit wem sie den Rest ihres Lebens verbringen möchte, wenn sie sich eine Chance geben will, zumindest mit dem künftigen Lebensabschnitt zufrieden zu sein. Dazu wird sie konkrete Lebensziele planen.

Im Anschluss daran wird sie lernen, diese Ziele in kleinen, realistischen Schritten zu verfolgen. Und – nun kommt das Schwerste – sie muss die dafür nötige Überwindung und Einsatzbereitschaft aufbringen. (Wie sie das lernt, betrachten wir in Kapitel 5.)

Schicksalhafte Opfer

Manche Vermeider vertreten im Vergleich zu Carpe-Diem-Fans ein leicht modifiziertes Konzept, wenn es darum geht, sich selbst oder anderen zu begründen, weshalb sie keine Energie für eigene langfristige Ziele aufbringen: Sie leugnen eigene Einfluss- und Gestaltungsmöglichkeiten und sehen sich als Opfer eines ungnädigen Schicksals. Herr Schmoll liefert hierfür ein Beispiel.

Beispiel • Herr Schmoll

Herr Schmoll, 32 Jahre, Single, lebt momentan von Hartz IV – vorübergehend. Denn er warte gerade auf eine tolle Chance, um als Reiseleiter für Luxusreisen im arabischen Raum ganz groß einzusteigen.

Eigentlich sei er dafür ja geradezu prädestiniert, habe er doch 14 Semester Alt-Ägyptologie studiert! Das habe ihn wahnsinnig interessiert. Den Abschluss habe man ihm ja leider mit all diesen bürokratischen Hürden, der Studienzeitbegrenzung und völlig schwachsinnigen Prüfungsbedingungen verleidet. Da habe er natürlich nicht mitgemacht! Ohne ihn! Und da wundern die sich, wenn sie immer mehr Arbeitslose produzieren!

Die Agentur für Arbeit sei *überhaupt* keine Hilfe gewesen, eher eine Zumutung. Was die ihm vorgeschlagen haben, grenze ja schon an Körperverletzung oder doch zumindest an psychische Grausamkeit. Man habe ja wohl das Recht, bei der Arbeit nicht seelisch zu verkümmern! Er würde sich gern einbringen, lieber heute als morgen, aber er brauche etwas, was ihn ausfülle, wo er sich weiterentwickeln kann, wo das kollegiale Umfeld stimmt und wo humane Arbeitsbedingungen herrschen. Alles andere sei einfach unzumutbar.

Auch privat laufe es gerade nicht so toll. Seit einem Jahr sei er solo. Seine letzte Beziehung, die länger als ein halbes Jahr gehalten habe, sei zu Studienbeginn gewesen und nun schon über neun Jahre her. Seitdem habe er zwar einige Kurzbeziehungen und diverse One-Night-Stands gehabt, aber irgendwie sei das nie das Wahre gewesen. Irgendwie hätten sie sich alle als oberflächliche »Konsum-Elsen« entpuppt, die sich ständig darüber beklagten, er würde nie etwas mit ihnen unternehmen und er sei zu langweilig. Als wenn *er* dafür arbeitete, um *die* in irgend so eine Nobeldisko mit überhöhten Preisen oder sogar Eintritt zu begleiten! Er habe doch genug geile Musik im Haus.

Mit seinen alten Freunden sei es auch nicht mehr so wie vorher. Die meisten hätten einen Job und Partnerinnen und kaum noch Zeit für ihn. Manchmal komme es ihm vor, als ob sie ihn gezielt meiden, weil sie ihn für einen Loser-Typen halten. Nur weil sie selbst das große Los gezogen haben! Aber er werde denen nicht nachlaufen. Hat *er* so was nötig?

Na, jedenfalls sei zurzeit alles ziemlich scheiße. Furchtbar, dass es gerade ihn so treffe.

Offenbar hat Herr Schmoll noch kein Problembewusstsein. Er sieht seinen momentanen Zustand als Schicksalsschlag und übersieht, woran er selbst durch eigenes Zutun oder durch Einsatzverweigerung verantwortlich ist. Ebenso wie er die Erfolge anderer als Schicksalsergebnis sieht (»Die haben's gut!«), mag er keine eigene Verantwortung an seinem heutigen Zustand erkennen.

Lernziele

Der »Symptomgewinn« einer solchen Sichtweise liegt auf der Hand: Wer keine eigene Verantwortung und Einflussmöglichkeit erkennt, muss auch nicht tätig werden, sondern kann mehr oder weniger geduldig darauf warten, dass das Schicksal das Gewünschte liefert.

Hier wird der Therapeut daher zunächst anzusetzen. Erst wenn Herr Schmoll ein Problembewusstsein entwickelt hat, ist eine Therapie überhaupt sinnvoll.

Anschließend wird mit Herrn Schmoll erarbeitet, welche realistischen Ziele er künftig verfolgen will und welchen Einfluss er dabei worauf auf welche Weise hat. Dies kann z. B. auch am Modell der alten Freunde geschehen: Was haben die anders gemacht? Wie haben die ihre Ziele verfolgt? Was kann ich konkret tun, um meine zu verfolgen? Egal ob beruflich oder privat: Herr Schmoll muss zunächst erkennen: Ohne Eigenverantwortung und Einsatzbereitschaft für das Machbare aufzubringen, bleibt es hoffnungslos.

2.2.2 Null-Verzicht-Junkies

Nun gibt es aber auch Menschen, denen das kurzfristige Lustmaximieren noch nicht reicht und die sich förmlich in Panik versetzen, wenn sie erkennen, dass sie nicht *alle* Honignäpfe gleichzeitig ausschlecken können. Sie müssten dann womöglich etwas erleben, was sie so richtig hart mitnimmt: Verzicht.

Null-Verzicht-Junkies sind hektisch auf der Suche nach einer Lösung, die es ihnen erlaubt, die Vorteile aller Alternativen auszukosten. Dass sie dafür auf die *Nachteile* jeder Variante ausdrücklich »verzichten«, versteht sich von selbst. Aber bei allen positiven Aspekten gilt: »Null Verzicht!«

Mit so einer Einstellung hat man es oft schwer, überhaupt von der Stelle zu kommen, denn Alternativen gibt es ja häufig. »Alternative« heißt jedoch: entweder – oder, nicht: sowohl – als auch. Und genau das können Null-Verzicht-Junkies nicht ertragen. Meist entscheiden sie sich dann lieber dafür, sich noch nicht zu entscheiden und auf eine Lösung zu warten, die alle positiven Aspekte in sich vereint. Das kann natürlich dauern … Und solange diese Lösung nicht auftaucht, sind sie trotz aller vorhandener Alternativen nur eines: extrem unzufrieden.

Null-Verzicht-Junkies gibt es in unterschiedlichen Ausprägungen: als »Entscheidungsverweigerer« und als »Kompromissverweigerer«. Schauen wir beide Konzepte genauer an.

Entscheidungsverweigerer

Kennen Sie das auch? Aus Angst davor, sich falsch zu entscheiden und dann die daraus resultierenden negativen Konsequenzen ertragen zu müssen, entscheiden sich manche dafür, sich lieber noch nicht festzulegen. Andere wiederum mögen sich deswegen *nicht! jetzt!* entscheiden, weil sie ahnen, dass es danach kaum noch sinnvolle Gründe gibt, nicht auch sofort damit anzufangen. Und das könnte echt lästig werden!

Beide Vertreter folgen dem GFT-Motto: »Solange du dich nicht für etwas entscheidest, musst du auch nicht den lästigen Preis dafür zahlen.« Sie finden es unerträglich, sich auf ein bestimmtes Ziel festzulegen, solange unsicher ist, ob sie damit die optimale Lösung wählen: die, die alle Vorteile und keine Nachteile mit sich bringt.

Na gut, natürlich kommt man so nicht wirklich von der Stelle, geschweige denn dahin, wo man sein möchte. Aber das sind dann ja wieder erst die Konsequenzen von morgen und danach.

Entscheidungsverweigerer setzen sich im Gegensatz zu Carpe-Diem-Fans schon Ziele und sie wissen meist ganz genau, was sie wollen. Und auch, was sie nicht wollen: den dafür notwendigen Preis zahlen. Das wäre so, als wenn jemand nach Herzenslust schlemmen möchte, ohne dabei zuzunehmen. Oder wenn jemand ausgiebig duschen will, ohne nass zu werden.

Betrachten wir nun ein Beispiel für einen eingefleischten Entscheidungsverweigerer.

Beispiel • Herr Zauder

Herr Zauder arbeitete zufrieden als IT-Spezialist in einer großen etablierten Firma als Teamleiter für das Entwickeln von Telekommunikationssoftware. Bis neulich. Da bekam er einen Anruf von einem Headhunter, der ihm den Geschäftsführerposten in einer neu gegründeten IT-Firma offerierte, die genau seinen Arbeitsbereich abdeckt. Das Gehalt würde sich von Beginn an ebenso verdoppeln wie der Verantwortungsbereich. Und das sei noch weiter ausbaufähig …

Seitdem hat Herr Zauder keine ruhige Minute mehr. Auch nachts wälzt und quält er sich mit der Frage, was das Beste für ihn sei. Soll er seinen ziemlich sicheren Arbeitsplatz aufgeben, um auf höherer Ebene in eine Firma einzusteigen, von der man nicht weiß, ob sie sich erfolgreich am Markt behaupten kann? Das ist riskant. Er könnte es hinterher bedauern und sich mühsam einen neuen Posten suchen müssen. Und ob das klappt …

Andererseits wäre es ihm aber auch unerträglich, wenn sich die Firma erfolgreich behauptet und er »die Chance seines Lebens« freiwillig hätte sausen lassen. Sein Mantra ist seitdem: »Was mach' ich bloß, was mach' ich bloß?«

In seinem Fall muss die Frage um den GFT-Leitsatz ergänzt werden »… um es nachher *garantiert* nicht bedauern zu müssen, weil es sich als die schlechtere Variante herausgestellt hat.« Herr Zauder sucht nach Sicherheit vor möglichen unangenehmen Konsequenzen seines Entscheidens. Dummerweise kann er aber die Karotte nicht mehr vergessen, die ihm der Headhunter vor die Nase gehalten hat: das Versprechen, es könnte ihm in der neuen Position sehr viel besser gehen. Nicht auszudenken, wie er sich ärgerte, wenn sich später herausstellt, dass er darauf freiwillig verzichtet hat!

Da Herr Zauder auch nach zwei Wochen intensiven Grübelns noch nicht in die Zukunft schauen kann und aus seiner Perspektive keine »Entscheidungssicherheit« gefunden hat, versucht er mit einem Anruf beim Headhunter mehr »Sicherheit« auszuhandeln. Dabei erfährt er, dass sich die Firma gestern für einen anderen Kandidaten entschieden hat, da er selbst ja leider nicht Position bezogen habe, und der Posten habe dringend besetzt werden müssen.

Die Reaktion bei Herrn Zauder ist turbulent. Seine Stimmung schwankt zwischen hochgradig frustriert (»Ich Idiot, ich hab' das verbockt! So eine Chance kommt nie wieder!«), deprimiert (»Ich bin und bleibe ein entscheidungsunfähiger Schisser. So wird das nie was.«) und erleichtert (»Bestimmt war das ein Wink des Schicksals. Bestimmt ist es gut so.«). Dann wieder: »Bin ich ein Idiot! « Seitdem beobachtet er die neue Firma mit Argusaugen. Sie scheint gut anzukommen.

Seitdem ist er an seinem alten Arbeitsplatz unzufrieden. Überall sieht er Nachteile.

Lernziel

Leuten wie Herrn Zauder scheint es besser zu gehen, wenn man ihnen keine Alternative bietet. Sobald sie unterschiedliche Möglichkeiten sehen, meinen sie, *unbedingt* die optimale herausfinden zu müssen. Es wäre ihnen *unerträglich*, mit der zweitbesten Lösung leben und unnötige Frustration oder Unbequemlichkeit aushalten zu müssen. Hier wird man zunächst an der Erkenntnis arbeiten: »Ohne Einsatzrisiko keine Gewinnchance.«

Kompromissverweigerer

Kompromissverweigerer wollen Ziele erreichen, ohne dafür selbst etwas an Aufwand oder eigenem Verändern zu akzeptieren. Notwendige Kompromisse für das Zielerreichen betrachten sie als unglaubliche Zumutung.

Beispiel • Frau Bienlein

Frau Bienlein, 35 Jahre, Single, Werbekauffrau, ist mal wieder auf Partnersuche. Was hat sie nicht schon alles probiert! Irgendwie muss sich das Schicksal gegen sie verschworen haben. Andere Frauen haben doch auch gefunden, wonach sie suchten. Aber für sie bleibe immer nur die zweite Wahl übrig: Männer mit Macken. Wenn man sich nur die letzten vier potenziellen Partner aus den vergangenen zwei Jahren anschaut: Alle haben sie wohl wirklich geliebt, daran gab es nun wirklich nichts zu mäkeln, aber …

- Sven hatte zwar ähnliche Lebensziele wie sie, er ist promoviert und hat in seiner eigenen Anwaltskanzlei ein super Einkommen, eine schicke Villa und genießt ein Luxusleben. Aber er scheint gleichzeitig auch mit seiner Arbeit verheiratet zu sein. Immer wenn sie kurzfristig Zeit mit ihm verbringen wollte oder seine Hilfe benötigte, konnte er nicht sofort kommen oder nur ganz kurz – mit entsprechender Hektik.

- Simon arbeitet als Gymnasiallehrer. Er hatte all ihre Ziele zu seinen eigenen gemacht, sie förmlich auf Händen getragen, war ständig für sie da, wenn sie ihn brauchte. Leider war er schon einmal verheiratet und musste für seine Ex und die beiden gemeinsamen Kinder Unterhalt zahlen. Seine ökonomische Freiheit war dadurch – gelinde gesagt – ziemlich übersichtlich. Große Unternehmungen waren da für die nächsten 20 Jahre nicht drin.
- Alex passte eigentlich ganz gut. Er ist attraktiv, weltgewandt, sportlich und, zumindest was sie selbst anging, sehr zuvorkommend. Auch finanziell ist er als Juniorchef des väterlichen Exportbetriebs ausgesprochen gut aufgestellt. Die gemeinsamen Ziele stimmen überein, sie haben denselben Humor, dieselben Hobbys …, nur leider, leider: Sexuell passte das irgendwie gar nicht zusammen.
- Udo ist ein liebenswerter Exot. Er ist Künstler, malt selbst Bilder – eher als Hobby – denn er besitzt zwei ererbte stadtbekannte Galerien, die ihm ein sorgloses Leben gestatten. Auch er ist witzig, sportlich und attraktiv, kennt viele interessante Leute und jede Unternehmung mit ihm war irgendwie einmalig. Leider will er keine Kinder …

Wenn sie doch nur aus diesen vieren eine Mischung nach eigenem Gusto zusammenstellen könnte! Das wär's! Aber so fehlte doch immer etwas.

Frau Bienlein hadert mit dem Schicksal. Bei so vielen Millionen Männern ist es doch nicht zu viel erwartet, dass sie auch einen abbekommt, der zu ihr passt!

Die Wahrscheinlichkeit ist denkbar gering, dass Frau Bienlein jemals einen »Idealpartner« findet, bei dem sie an keinem ihrer

Ziele Abstriche machen muss und der nicht von anderen in bestimmten Bereichen noch »getoppt« wird.

So wird sie wohl dauerhaft allein bleiben. Will sie das nicht, muss sie lernen, dass ihr Ist-Zustand nicht schicksalhaft, sondern das Resultat ihrer kompromisslosen Haltung ist. Daran kann sie etwas ändern, aber dazu benötigt sie Kompromissbereitschaft.

Erst wenn sie aufhört, auf dem absoluten Idealpartner zu beharren, hat sie eine realistische Chance, jemanden zu finden, der leidlich gut zu ihr passt. Auf die eine oder andere Wunschvorstellung wird sie dann allerdings verzichten müssen. Hierzu wird sie überlegen, wie wichtig ihr die einzelnen Aspekte sind und auf welche sie am ehesten verzichten will.

3.2.3 Wunschdenker

Wunschdenker wollen Ziele ohne eigenen Aufwand erreichen. Dementsprechend erwarten sie von der Umwelt oder vom Schicksal, ihre Wünsche frei Haus erfüllt zu bekommen. Bei ihrem Konzept handelt es sich um eine mildere Variante von dem der Forderer. Ihr Durchsetzungstrick besteht nicht in ärgerlich-aggressiven Verhalten, sondern durch Aufmerksamkeits- und Liebesentzug in Form schmollenden Rückzugs oder »leidender« Abkapselung, wenn das Gewünschte nicht eintritt beziehungsweise, wenn andere es nicht erfüllen.

Auch bei diesem Konzept erkennen wir, dass es durch »Lernen am Erfolg« entsteht: Manche Eltern reagieren äußerst sensibel, wenn zwischen ihnen und ihren Sprösslingen »dicke Luft« herrscht. Sie mögen so etwas nicht lange aushalten und geben dann oft den zunächst abgelehnten Forderungen widerwillig nach. Solche Erfahrungen prägen dann den weiteren Umgang mit Frustration. Auch als Erwachsene versuchen dann noch viele, das zuvor Gelernte anzuwenden und abgelehnte Wünsche oder verpatzte Ziele durch schmollenden Rückzug zu ertrotzen.

Im Wartesaal für bedingungslose Liebe

Wir bemerkten am Beispiel von Steffi und Moritz (s. Abschn. 2.1.3), dass Forderer oft Einzelkinder sind, die von den Eltern grenzenlos verwöhnt wurden, oder solche, die aus Ein-Eltern-Familien kommen, die schon häufig allein deswegen weniger Grenzen gezogen bekommen, weil damit der Verlust eines Elternteils »ausgeglichen« werden soll. Diese Kinder wurden in ihrer jungen Lebensgeschichte förmlich mit »bedingungsloser Liebe« überschüttet – und sie halten das natürlich für normal, da sie nie etwas anderes kennengelernt haben.

Das böse Erwachen erfolgt meist erst in oder nach der Pubertät, wenn die Kinder mehr oder weniger gern – manchmal auch gar nicht – das liebesschwangere elterliche Nest verlassen.

Lernziel

Wer nicht wie Steffi und Moritz dauerhaft als Single leben möchte, muss mühsam lernen, was man bisher versäumt hat: »Wenn du etwas möchtest (z. B. Zuneigung), musst du etwas dafür tun.« Auch für erwünschte Zuneigung ist Einsatzbereitschaft nötig, d. h.: »Von nix kommt nix.«

Hierzu gehört beispielsweise, die Überzeugung aufzugeben, man sei es wert, um seiner selbst willen geliebt zu werden, weil man so, wie man ist, einfach liebenswert *ist*.

Nur wer akzeptiert, dass Partner, Freunde und Bekannte manches im Leben anders sehen und nur wer etwas dafür tut, um von ihnen geschätzt zu werden, hat eine Chance, realistische soziale Ziele zu erreichen.

Herr Liebmich liefert hierzu ein Beispiel.

Beispiel • Herr Liebmich

Herr Liebmich, 44 Jahre, selbstständig, Betreiber mehrerer Fitnessstudios, kommt zur Therapie, weil er wieder einmal an einem Punkt in seiner Beziehung angekommen sei, an dem er am liebsten alles stehen und liegen lassen möchte, um mit einer anderen Frau neu zu beginnen.

Allerdings könne er sich das überhaupt nicht mehr leisten. Die Zahl seiner missglückten Beziehungsversuche überblicke er gar nicht mehr; so circa um die hundert seien es wohl – wenn man alles, was länger als 14 Tage gedauert habe, als Beziehung ansieht. Er sei nun bereits in dritter Ehe. Aus der ersten, vierjährigen Ehe habe er eine inzwischen 17-jährige Tochter und deren Mutter zu alimentieren, aus der zweiten neben der ehemaligen Frau auch die beiden gemeinsamen Kinder im Alter von acht und elf Jahren. Diese Beziehung habe er fünf Jahre »durchgehalten«. Mit seiner heutigen, zwölf Jahre jüngeren Partnerin, mit der er seit drei Jahren verheiratet sei, habe er einen zweijährigen Sohn.

Wären nicht die massiven finanziellen Verpflichtungen – er hätte sich wohl schon vor einem Jahr von ihr getrennt. Er möge kaum noch nach Hause kommen, fühle sich dort total unwohl und reagiere auch seinem Kind gegenüber zunehmend gereizt. Aber obwohl er beruflich sehr erfolgreich sei, würde ihm eine erneute Trennung finanziell das Genick brechen. Schon heute bleibe ihm nach Abzug aller Unterhaltskosten kaum etwas zur eigenen Verfügung. Er halte diesen Zustand nicht länger aus und sei total verzweifelt.

Nachdem Herr Liebmich seine vielfältigen Beziehungsversuche und seine Motive beleuchtet hat, weshalb er sie schließlich nicht mehr weiterführen mochte, ergibt sich folgendes Bild:

Aufgewachsen sei er bei der Mutter, nachdem die Eltern sich nach sechsjähriger Ehe getrennt hätten. Beide hätten danach um seine Gunst gewetteifert. Bei den »kumpelhaften« Treffen mit dem Vater habe dieser sich stets bemüht, witzig und verständnisvoll zu sein und alle Pläne seines Sohnes zu unterstützen. Die Mutter habe ihrem »kleinen James Dean« alle Wünsche von den Augen abgelesen, ihn stets modisch und teuer gekleidet. Er habe seine Eltern sehr gemocht und auch heute noch ein gutes Verhältnis zu ihnen.

Aufgrund seiner attraktiven äußeren Erscheinung seien ihm die Mädchen schon in der Pubertät in Scharen nachgelaufen und er habe sich mehr oder weniger auswählen können, mit welcher er zusammen sein wollte. Anfänglich habe er alle, mit denen er etwas angefangen habe, auch wirklich gemocht. Aber nach wenigen Wochen habe sich das meist gelegt. Das war wohl der Zeitpunkt, als sich die erste Verknalltheit bei seinen Freundinnen gelegt habe und sie sich schließlich immer fordernder aufgeführt hätten. Es habe ihnen dann nicht mehr ausgereicht, dass er so war, wie er nun einmal war. Irgendwann hätten sie damit begonnen, ihn verändern zu wollen, und sie hätten erwartet, dass er sich anpasse und auf *ihre* Belange Rücksicht nehme.

Er habe dann stets den Eindruck gewonnen, nicht mehr wirklich gemocht zu werden, sondern nur noch Mittel zum Zweck zu sein, z. B. um *ihre* Ziele zu verfolgen, *sie* zu unterhalten und auszuführen, es *ihnen* recht und angenehm zu machen. Und je mehr Bedingungen sie gestellt hätten, umso deutlicher sei ihm geworden, dass er gar nicht mehr um seiner selbst willen gemocht werde. So etwas könne für ihn keine Beziehungsbasis sein. Deswegen habe er sich dann stets kurz darauf getrennt.

In seinen Ehen sei das dann leider ähnlich verlaufen. Es habe lediglich etwas länger gedauert, und auch die Kinder hätten anfangs dazu beigetragen, dass er länger ausgehalten habe. Dabei wünsche er sich nichts mehr als eine gute, funktionierende Familie, in der er liebevoll aufgehoben sei.

Lernziel

Obwohl Herr Liebmich nicht sonderlich über das Schicksal klagt oder anderen vorwirft, an seinem jetzigen Zustand verantwortlich zu sein, wird die Therapeutin zunächst prüfen, ob Liebmich die heutigen Umstände tatsächlich so akzeptiert, wie sie sind, oder ob er doch mit dem Schicksal hadert und von ihm oder anderen »Verantwortlichen« fordert, die heutigen Umstände erträglicher zu gestalten.

Lernziel

Im zweiten Schritt wird beleuchtet, woran es liegt, dass die Situation heute so ist, wie sie ist. Hier werden all die Haltungen und Handlungen von Liebmich gesammelt, die zu diesem Ergebnis beigetragen haben. Dadurch erkennt er, für welchen Teil er selbst verantwortlich ist und wo genau es in seiner Macht steht, ab sofort anders zu entscheiden und zu handeln.

Im letzten Schritt wird Herr Liebmich seine langfristigen Ziele bestimmen und dann erarbeiten, was dafür an Einsatz nötig ist. Dazu wird er sich auch noch Erkenntnisse über soziale Beziehungen und Grundlagen der Beziehungsgestaltungen erarbeiten, z. B.

Lernziel

- dass jemand, der sich in eine Beziehung begibt, nicht gleichzeitig »unabhängig« sein kann,
- dass Beziehungen ohne Kompromisse nur denkbar sind, wenn beide Partner einen absolut identischen Geschmack besitzen und zu hundert Prozent deckungsgleiche Ziele verfolgen und
- dass er selbst bisher auch nicht bereit war, seine Partnerinnen »um ihrer selbst willen« zu lieben, so, wie *sie* nun einmal sind.

Er wird dann entscheiden, ob er bereit ist, künftig den Preis zu zahlen, den es kostet, eine Beziehung zu pflegen, um damit die Wahrscheinlichkeit eines erneuten Scheiterns zu senken.

Einsame Stars

Am Beispiel von Hannes im Abschnitt 1.1.3 sahen wir, dass auch Menschen mit GFT partiell durchaus äußerst aktiv, zielstrebig und erfolgreich sein können. Vorausgesetzt, sie haben Spaß an dem, was sie machen. So können z. B. auch vielfach bewunderte Film-, Sport-, TV- oder Politstars in anderen Bereichen durchaus eingefleischte GFT-Vertreter sein. Wenn dazu dann noch ein gewisses Maß an Egozentrik kommt, ist die soziale Problematik vorprogrammiert. Nicht immer muss dafür der Grundstein in der erzieherischen Qualität liegen. Wie das nachfolgende Beispiel zeigt, können solche »Starallüren« auch später erworben werden.

Beispiel • Andraxx

In der Pubertät war Andraxx (mit bürgerlichem Namen Andreas Möller) noch unauffällig. Er wuchs zusammen mit seinen Geschwistern bei den Eltern heran und war sowohl in der Familie als auch in der Schule »ein normales Kind«. Er pflegte Freundschaften, später auch zu Freundinnen, und fiel sonst nicht weiter auf. Nach der Schule machte er ein Volontariat bei einer privaten Rundfunkanstalt.

Dann kam plötzlich der Durchbruch: Beim Vertreten eines erkrankten Moderators ist er bei den Hörern so gut angekommen, dass er bald darauf eine eigene Sendung bekam. Auch diese wurde ausgesprochen populär bei den jugendlichen Hörern. Seitdem ist sein Bekanntheitsgrad förmlich explodiert. Er trat im Fernsehen in Talkshows auf, war nebenher noch in Nobeldiskos als DJ tätig und besaß im Sender inzwischen Kultstatus.

Mit 23 Jahren kann Andraxx sich kaum unerkannt durch die Stadt bewegen. Er wird ständig um Autogramme gebeten und kann sich kaum der vielen Dating-Angebote erwehren, die er von jungen weiblichen Fans erhält.

Seine Freundin fand dies anfangs noch lustig, ja, sie war sogar stolz, so einen beliebten und berühmten Freund zu haben. Später reagierte sie dann allerdings genervt, z. B. wenn der sich – beim Essen im Restaurant angesprochen – seinen Fans widmete.

Aber auch Andraxx selbst hat sich verändert. Er reagiert zunehmend dünnhäutig, wenn die Freundin etwas von ihm will, wenn sie Unzufriedenheit äußert oder gar bestimmte Dinge einfordert, die sie beide ursprünglich vereinbarten. Hat *er* das nötig? Muss er sich noch auf so etwas einlassen? Die Welt ist doch voller Alternativen, die ihm jeden Wunsch von den Augen abzulesen versprechen! Sie sollte ihn auch bewundern und weniger auf ihm herumhacken. Andere finden ihn doch auch klasse – und zwar genau so, wie er ist. Sie sollte das endlich auch tun, sonst hat diese Beziehung keine Zukunft.

Zehn Jahre später und um etliche gescheiterte Beziehungsversuche reicher kommt Andraxx heimlich in die Therapie. So gehe das nicht weiter: Er könne sich bei niemandem so richtig »fallen lassen«. Alle Partnerinnen hätten ihm zwar zunächst zu Füßen gelegen, dann aber irgendwann, meist früher als später, Ansprüche und Anforderungen gestellt und unzufrieden reagiert, wenn er diese nicht erfüllte.

Alles was er sich wünsche, sei eine vertrauensvolle, warmherzige Beziehung zu einer Partnerin, mit der er gemeinsam alt werden möchte.

Prinzipiell ist es unschädlich, wenn man von anderen bewundert oder angehimmelt wird. So etwas kann sogar nützlich sein und Vorteile bringen, wenn es z. B. den Weg zu den eigenen Zielen erleichtert. Problematisch wird es erst, wenn man ernstnimmt, was »Fans« über uns denken. Wenn wir tatsächlich glauben, wir seien *deswegen* ganz besonders liebenswert und einzigartig. Und wenn wir das kompromisslose Anbeten unserer Person als Begründung für unseren Anspruch auf unbedingte Zuneigung verwenden und glauben, dass *wir* nun überhaupt keine Kompromisse mehr eingehen und überhaupt keine Frustration erleben, keinen Verzicht ertragen und keinen Preis für beständige Beziehungen zahlen müssen. So eine Haltung wird uns auf sozialer Ebene schnell ins Abseits führen, sobald wir die Umgebung unserer Fans verlassen – oder sie uns.

Auch so jemand könnte vielleicht eine beständige Beziehung führen, wenn er sich mit der ihn bedingungslos anhimmelnden Elvira Butenschön aus Achterndiek-West zusammentäte – aber auch das ginge nur gut, solange sie ihren Geschmack nicht ändert. Doch sobald ein Star mit jemandem befreundet sein möchte, die oder der nicht zur eigenen Fangemeinde gehört, wird es schwierig.

Im günstigen Fall akzeptiert er, dass er keinen Anspruch auf die bedingungslose Zuneigung anderer hat, sondern dass er dafür etwas tun und z. B. Kompromisse eingehen muss. Wie bereits im vorherigen Beispiel beschrieben, heißt dann das Lernziel *Einsatzbereitschaft*.

Lernziele

Mag er das nicht einsehen, hält er notwendige Kompromisse für zu lästig und fordert er weiterhin die bedingungslose Zuneigung seiner Umwelt ein, wird er von anderen schnell für arrogant, egozentrisch oder gar asozial gehalten und gemieden, sodass er sozial vereinsamt. Dann steht zunächst das Lernziel *Problemeinsicht* im Vordergrund.

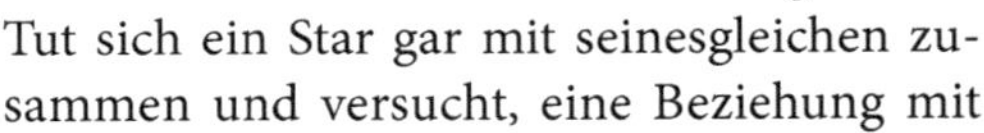

Tut sich ein Star gar mit seinesgleichen zusammen und versucht, eine Beziehung mit einer ebenso egozentrischen Person zu führen, lässt sich die Halbwertzeit solcher Beziehungsversuche in Monaten, wenn nicht gar Wochen ausdrücken. Nicht nur Hollywood bietet dafür etliche Beispiele.

Die Vermeider-Beispiele zeigen deutlich, wie wichtig die Lernziele *Problemeinsicht* und *Einsatzbereitschaft* für Menschen mit GFT sind. Wir werden deshalb künftig auf folgende Lernziele achten:

Fazit • Lernziele für Vermeider

Problemeinsicht: »So was kommt von so was.« Ich erkenne, dass für meinen Ist-Zustand nicht das Schicksal oder andere verantwortlich sind, sondern dass ich durch eigenes Zutun dazu beitrage, dass es nun so ist, wie es ist. Dafür übernehme ich die Verantwortung.

Einsatzbereitschaft: »Von nix kommt nix.« Wenn mir etwas nicht gefällt und wenn es in meiner Macht steht, das zu verändern, gehe ich folgendermaßen vor: Ich schaue, welchen Einsatz ich für das Verändern leisten muss. Danach entscheide ich, ob ich bereit bin, diesen Aufwand zu betreiben. Falls nicht, will ich den Zustand künftig – ohne zu jammern – so akzeptieren, wie er ist, da ich keine Lust habe, etwas dagegen zu unternehmen.

Die Alltagskonsequenzen der »Aufschieberitis« auf soziale, ökonomische und andere persönliche Ziele können extrem selbstschädigend sein – das allerdings erst morgen, mittel- oder langfristig, denn kurzfristig wirkt so ein Aufschieben oft durchaus entlastend. Wenn ich mich heute Abend mit meinen Freunden in den Biergarten setze statt wie ursprünglich geplant die Steuererklärung auszufüllen, habe ich womöglich meine kurzfristige Lebenszufriedenheit erfolgreich optimiert. Es ist jedoch unwahrscheinlich, dass ich das am nächsten Morgen an meinem Schreibtisch immer noch so positiv sehe. Hier bin ich dann mit der Tatsache konfrontiert, dass ich kurzfristige Lebenszufriedenheit nicht gleichzeitig mit der mittel- und langfristigen maximieren kann. Entweder genieße ich die Entlastung durch Aufschieberei jetzt oder ich genieße den Erfolg meines heutigen Anstrengens morgen und danach.

Oder kennen Sie etwa ein Beispiel, in dem das anders zugeht? Wo jemand erfolgreich vermeidet, den notwendigen Einsatz für ein Ziel zu bringen und dennoch das Ziel erreicht? Wo jemand ohne Einsatz »den Jackpot« knackt?

Wenn man den Wunsch nach Bequemlichkeit und das Maximieren der eigenen Lebenszufriedenheit als legitime Ziele ansieht, dann ist zunächst zu klären, ob dies kurz- oder langfristig gelten soll. Denn da müssen wir uns entscheiden: Wollen wir uns »dummfaul« oder »schlaufaul« verhalten? Ersteres beschreibt jemanden, der sich für kurzfristiges Entlasten *jetzt* entscheidet, egal was ihn das künftig kostet. Schlaufaul verhalten sich Menschen, die ihre *langfristige* Lebenszufriedenheit maximieren, auch wenn ihnen das jetzt gerade einiges an Unbequemem und Überwinden abverlangt.

2.3 Welche Konsequenzen hat GFT?

Die kurzfristigen Vorteile von GFT haben wir im Abschnitt 1.3 beleuchtet: momentane Entlastung oder gar zusätzliche Vorteile wie Bequemlichkeit und Lustgewinn. So weit, so gut. Wer solche angenehmen Konsequenzen einfährt, wird erst einmal nicht motiviert sein, das zu ändern. Anders sieht das mit den Kosten der GFT-Konzepte aus. Die sollen bitte weg!

Wir haben auch schon mehrfach einen Blick auf negative Konsequenzen der GFT geworfen. Dies tun wir nun noch intensiver, denn darin besteht die Hauptmotivationsquelle für jemanden mit GFT: Die daraus resultierenden Nachteile zu erkennen und loszuwerden. Nur dafür raffen sich viele auf, das mühsame Verändern auf sich zu nehmen.

Fazit

Wenn man die Kosten der GFT loswerden will, gilt sowohl bei starker als auch bei geringer Ausprägung: Nur wer erkennt, dass die Nachteile gewichtiger sind als die kurzfristigen Vorteile, ist motiviert, sich zu verändern. Und nur wer diese Nachteile eindeutig auf GFT zurückführen kann, hat den Ursache-Wirkungs-Zusammenhang begriffen: »So was kommt von so was.«

2.3.1 Auswirkungen auf Gefühle und Verhalten

Emotionale Auswirkungen

In den bisherigen Beispielen gewannen wir einen Eindruck davon, wie eindrücklich negativ GFT auf der Gefühlsebene durchschlägt.

Bei *Forderern* dominiert Ärger. Falls die erhofften Ergebnisse ausbleiben und wenn die sozialen Konsequenzen aggressiven Verhaltens eintreten, reagieren viele mit Niedergeschlagenheit/Deprimiertheit. Die Kombination daraus wirkt für die Betroffenen besonders verheerend: depressives Wüten oder aggressive Deprimiertheit. Ein höheres Maß an Einbuße von Lebensqualität kann man sich im emotionalen Bereich kaum vorstellen.

Vermeider reagieren meist nicht mit Ärger. Sie erscheinen eher durchgängig unzufrieden, wenn sie wieder einmal an etwas vorbeitreiben, wo sie gern verweilt hätten oder auf etwas zutreiben, worauf sie gerne verzichtet hätten. Auch sie fühlen sich häufig deprimiert, meist dann, wenn sie sich lange genug treiben ließen und dann erkennen, welche Alternativen nun endgültig verloren sind und wie reduziert und unerwünscht die verbliebenen erscheinen. Zudem leiden sie unter Ängstlichkeit vor Lästigem oder vor drohendem Verzicht, die sich immer dann bis hin zur Panik ausweiten kann, wenn sich das Lästige nicht oder nicht mehr vermeiden lässt.

Auswirkungen auf das Verhalten

Betrachten wir nun die Auswirkungen der unterschiedlichen GFT-Konzepte auf das Verhalten.

- Forderer trotzen und verleihen ihren Forderungen mehr oder weniger rabiat Ausdruck. Ihr Verhalten wirkt auf viele rechthaberisch, aggressiv, egozentrisch und kompromisslos.
- Vermeider weichen allem aus, was ihnen lästig erscheint und verschaffen sich so kurzfristig Entlastung. Das versuchen sie dann auch noch morgen und übermorgen und sind so ständig auf der Suche nach der momentan »günstigsten«, bequemsten Alternative. Suchtverhalten bietet oft eine willkommene Ausweichgelegenheit.
- »Entscheidungsverweigerer« tun entweder so lange gar nichts, bis sie sicher sind, die optimale Lösung gefunden zu haben, oder sie probieren immer wieder aufs Neue die vermeintlich optimale Lösung aus, um sie dann sofort wieder zu verwerfen, sobald sie erkennen, dass sie nicht nur Vorteile mit sich bringt.

Fazit

- Forderer treten egozentrisch und aggressiv auf.
- Vermeider verhalten sich kurzfristig orientiert und langfristig nicht zielführend. Suchtverhalten ist häufig.

2.3.2 Auswirkungen auf Selbstwert, Selbstbild, Selbstwirksamkeit und Selbstvertrauen

Auswirkungen auf den Selbstwert

Der »Selbstwert« bezeichnet den Wert, den sich jemand nach bestimmten Regeln oder willkürlich zuschreibt. Jemand mit GFT leidet häufig unter negativen Auswirkungen auf den Selbstwert.

Besonders Vermeider neigen dazu, ihren Wert an der bisher erfahrenen bedingungslosen Zuneigung ihrer Bezugspersonen festzumachen. Im Sinne von »Je mehr du gemocht wirst, umso mehr bist du wert«, schreiben sie sich einen bombigen Selbstwert zu, solange sie Zuneigungsbeweise erhalten. Bleiben diese aus, interpretieren sie die vermeintliche oder tatsächliche Ablehnung als Wertverlust. Das kann bis zum Eindruck absoluter Wertlosigkeit führen.

»Entscheidungsverweigerer« kommen bei ihren Zielen nicht voran. Falls sie einen leistungsorientierten Selbstwertmaßstab anlegen oder einen beliebtheitsorientierten, den sie an Leistung koppeln, werden auch sie unter deftigen Selbstwertproblemen leiden, denn die eigene Leistung ist meist nicht so beeindruckend.

[Leistungsorientierte Selbstwertmaßstäbe sind z. B. »Kannst du was, bist du wer« oder: »Hast du was, bist du wer«; ein an Leistung gekoppelter beliebtheitsorientierter Maßstab ist z. B. »Wer viel leistet, wird auch gemocht.« Mehr zu Selbstwertkonzepten und ihren Auswirkungen siehe Literaturhinweise im Anhang: »… und ständig tickt die Selbstwertbombe«.]

Auswirkungen auf das Selbstbild

Ein »Selbstbild« ist ein mehr oder weniger detailliertes Beschreiben der eigenen Person in Form von persönlichen Stärken und Schwächen, Eigenheiten, Fähigkeiten und Merkmalen. Weil Menschen mit GFT sich häufig von anderen oder dem Schicksal abhängig sehen und wegen ihres Ausweich- und Vermeidungsverhaltens nur selten Erfolge vorweisen, ist es mit der Anzahl ihrer Stärken und Fähigkeiten nicht gut bestellt. Dafür erscheinen etliche Eigenheiten und Schwächen auf der Manko-Seite. Insofern ist es typisch, dass insbesondere Vermeider ein negatives Selbstbild besitzen.

Auswirkungen auf die Selbstwirksamkeit

Mit »Selbstwirksamkeit« oder »Selbsteffizienz« sind die Erfahrungen gemeint, die man hinsichtlich der eigenen Fähigkeit gesammelt hat, mit neuen oder schwierigen Situationen erfolgreich umzugehen. Hat man z. B. häufig Aufgaben zweckgerichtet gelöst und damit langfristige Ziele erreicht, glaubt man von sich, angemessene Problemlösungsstrategien parat zu haben und man besitzt dann eine hohe Selbstwirksamkeitserwartung.

Die Selbstwirksamkeitserwartung von Vermeidern und »Entscheidungsverweigerern« befindet sich von Anfang an im Keller. Wo sollte eine überdauernde Selbstwirksamkeitserwartung auch herkommen? Fahren sie doch durch ihr typisches Vermeidungsverhalten mittel- und langfristig regelmäßig Misserfolge ein.

Auswirkungen auf das Selbstvertrauen

Menschen besitzen »Selbstvertrauen«, wenn sie begründet annehmen, eine neue oder schwierige Situation selbst erfolgreich meistern zu können. Dies leiten sie meist aus ihrer hohen Selbstwirksamkeitserwartung ab, d. h. aus ihrer Erfahrung, in der Vergangenheit für ähnliche Situationen angemessene Lösungsstrategien gefunden und erfolgreich eingesetzt zu haben.

Wenn wir oben feststellten, dass mit der Selbstwirksamkeitserwartung von Vermeidern naturgemäß kein Staat zu machen ist, so gilt Entsprechendes auch für das daraus abgeleitete Selbstvertrauen. Wer sich als eingefleischten Vermeider und mit den daraus resultierenden Misserfolgserlebnissen kennt, wird nicht vertrauensvoll darauf bauen, dass er das künftig nun alles geregelt bekommt. Wenn überhaupt vorhanden, pendelt ihr Selbstvertrauen meist knapp über dem Nullpunkt.

Fazit

Jemand mit ausgeprägter GFT leidet häufig auch unter einem Selbstwertproblem. Im Selbstbild überwiegen dann die negativen Anteile, die Selbstwirksamkeitserwartung ist gering und das Selbstvertrauen niedrig.

2.3.3 Auswirkungen im privaten Bereich

Auswirkungen in Partnerschaft und Familie

Partnerschaft. Wir sahen in etlichen Beispielen für unterschiedliche Arten von GFT, wie sehr sich diese Muster langfristig partnerschaftsschädlich auswirken. Mangelnde Kompromissbereitschaft, Egozentrik und beständiges Ausweich- und Vermeidungsverhalten tolerieren auf Dauer nur die wenigsten. Meist führt so etwas in ein ungewolltes, unzufriedenes Single-Dasein und zu individuellen »Eigenheiten«, sodass man dann von anderen als »schrullig« und sonderbar erlebt wird.

Familie. Auch die Ursprungsfamilie, Vater und Mutter, reagieren vermutlich irgendwann genervt auf die Allüren und das beständige Fordern ihrer Sprösslinge und bitten sie mehr oder weniger direkt, nun doch bitte das Nest zu verlassen und sich die bestellten Würmer selbst zu suchen. (Manche »guten« Mütter schaffen das allerdings erst, wenn sie dazu selbst nicht mehr in der Lage sind.) Ist das erwachsene Küken dann plötzlich auf sich selbst gestellt, weiß es meist nicht so recht, wie es nun weitergehen soll. Manche schaffen es auch, sich nun über die Eltern zu empören: Wo bleibt denn auf einmal die gewohnte Liebe und Zuwendung? Oder gar: »Die hätten mich besser auf die brutale Härte des Alltags mit seiner Forderung nach Eigenverantwortung vorbereiten müssen!«

Manche GFT-Betroffene schaffen es aber trotz ihrer Eigenheiten zumindest kurzfristig, eine eigene Familie zu gründen. In minderschwer ausgeprägten Fällen kann das auch dauerhaft glücken – falls der Partner das mitmacht. Manche finden solche »erwachsenen Küken« vielleicht ja auch verlockend: Die machen sich abhängig, die laufen nicht so schnell weg.

Sollten in einer solchen Beziehung Kinder aufwachsen, gilt auch hier das »große Ente – kleine Ente«-Prinzip vom Modelllernen. Leider kopieren Kinder die GFT-Konzepte ihrer Modelle und haben dann irgendwann dieselben Konsequenzen zu ertragen. Die Kombination aus mindestens einem Elternteil und einem Sprössling mit GFT führt dann zu einer besonders brisanten Mischung.

Emotionale Turbulenzen sind in solchen Familien an der Tagesordnung.

Soziale Auswirkungen
Was in der Partnerschaft nicht funktioniert, wird aus denselben Gründen auch zu Problemen mit anderen Sozialpartnern führen. Mangelnde Kompromissbereitschaft und Egozentrik sorgen meist auch im Freundes- und Bekanntenkreis, bei Nachbarn oder Vereinsmitgliedern über kurz oder lang für ein entsprechendes Image und führen zu selbstverursachter Ausgrenzung und Isolation.

Auch eine Verbindung mit anderen GFT-Personen führt nicht aus dieser Sackgasse heraus, denn die finden sich in der Regel gegenseitig lästig, egoistisch, rechthaberisch oder langweilig und können sich untereinander meist überhaupt nicht ausstehen.

Fazit

- Ausgeprägte GFT führt wegen fehlender Kompromissbereitschaft und Egozentrik häufig zu ungewolltem Single-Dasein und sozialer Vereinsamung.
- GFT-Konzepte werden an die Nachkommen durch Modelllernen weitergereicht.

2.3.4 Auswirkungen auf Beruf und Karriere

Jemand mit GFT hat es in Ausbildung und Beruf ziemlich schwer: all diese Erwartungen, diese lästigen Anforderungen und Verpflichtungen. Dazu dieser ewige Stress durch die Forderungen nach Pünktlichkeit, Verlässlichkeit und Qualität der Arbeitsleistung. So war das eigentlich nicht gedacht …

Vermeider kommen daher oft gar nicht erst in so eine Situation, »in Lohn und Brot«, denn sie tragen ihre Anspruchshaltung nur allzu deutlich vor sich her: »Ich will mich in meiner Arbeit entfalten, es soll mich weiterbringen, mir Spaß machen und mir gut tun.« Dazu wird üblicherweise eine prima Entlohnung erwartet. Die Resonanz darauf fällt auf der Arbeitgeberseite meist verhalten aus. Und der Ausweg in die Selbstständigkeit ist auch keine Lösung: Was da alles erwartet wird! Und wo soll das Startkapital herkommen? Und diese finanzielle Unsicherheit! Und was Kunden so alles von einem erwarten! Einfach unerträglich.

Karriere ist in der Regel ziemlich anstrengend. Sie findet deshalb bei der Mehrzahl der Vermeider schlichtweg nicht statt.

Fazit

Menschen mit ausgeprägter GFT weisen häufig abgebrochene Schul- oder Berufsausbildungen auf und sind oft beruflich nicht sonderlich erfolgreich. Häufig klagen sie über »Mobbing«, die Arbeitsbedingungen, Vorgesetzte und Kolleginnen und Kollegen, wechseln oft die Arbeitsstelle und können sich nirgends so recht einordnen.

Und jetzt Sie!

Bitte beantworten Sie nachstehende Fragen schriftlich.

Aufgabe 5: Bitte beschreiben Sie, worin sich die Konzepte der beiden Hauptgruppen von GFT inhaltlich unterscheiden.

Aufgabe 6: Beschreiben Sie drei Varianten des GFT-Konzepts von »Forderern«.

Aufgabe 7: Beschreiben Sie Varianten der GFT-Konzepte von »Vermeidern«.

Aufgabe 8: Was kennzeichnet das GFT-Konzept von »Entscheidungsverweigerern«?

Aufgabe 9: Welches GFT-Konzept findet man beim »Wunschdenken«?

Aufgabe 10: Bitte beschreiben Sie typische Beispiele für eigene GFT-Muster. Beschreiben Sie die typische Situation, was Sie dabei gedacht und wie Sie sich dann verhalten haben.

Aufgabe 11: Worin bestehen die kurzfristigen Vorteile/Symptomgewinne Ihres GFT-Konzepts? Bitte führen Sie konkrete Beispiele an.

Aufgabe 12: Welche Auswirkungen Ihrer GFT finden Sie am schlimmsten?

Aufgabe 13: Welche Auswirkungen hat Ihr GFT-Konzept auf Ihr Selbstbild, Selbstvertrauen und Ihre vermutete Selbstwirksamkeit?

Aufgabe 14: Haben Sie bereits auch ein Selbstwertproblem wegen Ihrer GFT? Wie äußert sich das?

Aufgabe 15: Welche sozialen und beruflichen Konsequenzen hat Ihre GFT?

Aufgabe 16: Bitte beschreiben Sie, welche Auswirkungen Ihr GFT-Konzept auf Ihr Gefühlsleben und Verhalten hat. Beantworten Sie dies auch im Hinblick auf Ihre GFT-Beispiele aus Aufgabe 10.

3 Die Diagnose: eigene GFT-Konzepte erkennen

Bisher betrachteten wir, was GFT-Konzepte sind, woran man sie erkennt und was sie bewirken. Um eigene GFT-Muster auf Schädlichkeit prüfen zu können, muss man sie kennen, denn Unbekanntes lässt sich weder prüfen noch verändern. Häufig merken wir aber gar nicht, was wir so vor uns hindenken, denn vieles davon haben wir inzwischen so gut verinnerlicht, dass es unbewusst, quasi automatisch abläuft.

3.1 Bewusste und unbewusste GFT-Konzepte

Wenn wir genau wissen, warum wir so handeln, wie wir gerade handeln und warum wir ausbaden müssen, was wir gerade an Konsequenzen ausbaden, wäre das der einfachste Fall. Wir können dann unsere Konzepte auf Angemessenheit prüfen und – falls wir sie für schädlich halten – auch verändern. Wie man so etwas macht, sehen wir in Kapitel 5. Vielleicht haben Ihnen auch schon die ersten Übungen dabei geholfen, den eigenen GFT-Mustern auf die Schliche zu kommen.

Unbewusste Konzepte. Häufig ist das jedoch nicht so einfach, denn in der Regel handelt es sich dabei um jahrzehntelang verinnerlichte Muster, auf die wir unbewusst, gewissermaßen »automatisch« reagieren. Das kennt sicherlich jeder. So ein »verselbständigtes Denken« hat einerseits immense Vorteile: Man muss sich nicht in jeder wiederkehrenden Situation erneut damit auseinandersetzen und alles von vorne durchdenken. Je häufiger man sich in einer ähnlichen Situation befunden und dafür eine vermeintlich taugliche Lösung gefunden hat, umso schneller setzt man diese auch künftig ein, ohne sie erneut zu prüfen. Irgendwann reagiert man dann automatisch danach. Besonders in Gefahrensituationen kann dies einen echten Überlebensvorteil bedeuten, weil es die Reaktionszeit erheblich verkürzt. Andererseits kann sich diese Fähigkeit unseres Gedächtnisses auch nachteilig auswirken, nämlich immer dann, wenn es sich beim gelernten Muster um ein schädliches handelt. Dabei ist es unwesentlich, ob es bereits von jeher ungünstig war oder ob es erst kürzlich dazu geworden ist.

Ein Beispiel dafür, wie unbewusst angewendete GFT-Konzepte zu völlig unterschiedlichen Reaktionen führen, liefern uns Herr Richter und Frau Prokrastl aus Kapitel 2: Beide erhalten einen Brief vom Finanzamt, in dem mitgeteilt wird, dass sie für eine Steuerprüfung ausgewählt wurden. Herr Richter explodiert beinahe vor Wut, greift zum Telefon und beschwert sich über diese Ungerechtigkeit. Frau Prokrastl ist besorgt, was das nun wieder an Arbeit bedeutet, legt den Brief beiseite und macht sich einen Cappuccino. Angeblich wissen beide nicht genau, warum sie so reagieren.

Lernziele

»Ja aber, wie kann das sein? Genau! Das ist natürlich durch die unterschiedlichen GFT-Konzepte zu erklären, mit denen sie reagieren, wenn sie frustriert sind. Beiden ist jedoch nicht mehr bewusst, wie diese aussehen. Bevor jemand ein unangemessenes GFT-Konzept sinnvoll verändern kann, muss er erkennen und verstehen, was am alten unangemessen ist. Damit das neue Konzept dann auch einen Effekt im Alltag hat, muss man lernen, es künftig beständig umzusetzen. Auch dazu mehr in Kapitel 6.

Fazit

Der erste Schritt besteht im Bewusstmachen des eigenen GFT-Konzepts. Nur dann kann man es auf Angemessenheit prüfen und gegebenenfalls gezielt verändern.

Unvollständige Konzepte. Manche Betroffene glauben zwar zu wissen, weshalb sie auf eine bestimmte Art und Weise reagieren, aber wenn man sie nach ihren GFT-Konzepten befragt, können sie diese nur unvollständig wiedergeben. Einige tun dies ganz gezielt, z. B. weil sie sich für ihre Denkweise schämen, die sie selbst bereits als unsinnig erkennen, oder ungewollt, weil sie sie nicht mehr komplett erkennen. Beispiele für solche unvollständigen Muster sind Aussagen wie:

- Das ist total ungerecht!
- Das wird extrem lästig.
- Wenn ich nur wüsste, wie das ausgeht!

Selbst wenn diese Sätze einen negativen Tenor besitzen, bleibt doch völlig unklar, worauf sie sich beziehen. Die dahinterstehenden GFT-Konzepte werden erst deutlich und damit für ein Verändern zugänglich, wenn geklärt ist, was die Betreffenden daraus ableiten, z. B.:

- Das darf so nicht sein!
- Deswegen sollte ich schnell die Kurve kriegen und etwas anderes machen.
- Solange ich das nicht weiß, mache ich lieber gar nichts.

Fazit

Unvollständige GFT-Konzepte müssen zunächst komplettiert werden, um sie richtig verstehen zu können.

Um die fehlenden Teile von unbewussten oder unvollständigen Konzepten wiederzuerkennen, hilft es, Gedanken und Gefühle voneinander unterscheiden zu lernen und den Zusammenhang zu nutzen, der zwischen unserem Denken und unseren Gefühlen besteht. Welcher das ist, betrachten wir nun, wenn wir versuchen, die eigenen GFT-Konzepte wieder zu rekonstruieren.

3.2 Eigene GFT-Konzepte aufspüren

3.2.1 Denken und Fühlen: wie Gefühle entstehen

Philosophen wie Sokrates oder Epiktet haben schon vor über 2000 Jahren gezeigt, welcher Zusammenhang zwischen unserem Denken und unseren Emotionen besteht, welch enorme Bedeutung bewusste und unbewusste Denkvorgänge für unser Gefühlsleben und unser Verhalten besitzen und wie sich belastende Gefühle durch ein Ändern der Denkmuster, die diese emotionalen Turbulenzen verursacht haben, abbauen lassen. Am bedeutsamsten ist wohl ihre Erkenntnis, dass es nicht die Situationen, Personen oder Sachen selbst sind, die Gefühle auslösen, sondern dass dies nur unsere Einstellungen tun, die wir dazu haben.

Diesen uralten Einsichten werden durch neueste psychologische und neurologische Forschungsergebnisse gestützt. Heutige Psychotherapeuten stellen diesen Zusammenhang z. B. in einem »ABC-Modell« dar. Es ist eines der wichtigsten therapeutischen Werkzeuge in der Kognitiven Verhaltenstherapie und dient zum Beschreiben, zum Aufspüren und Diagnostizieren von Situationen, Gedanken, Gefühlen und Verhalten. *A*, *B* und *C* stehen dabei als Abkürzung für *A*usgangssituation, *B*ewertungssystem und *K*onsequenzen (engl.: *c*onsequences). Die zentrale Aussage dieses Modells lautet:

Fazit

Nicht die Ausgangssituation (A) bestimmt, wie wir uns fühlen und verhalten, welche Gefühls- und Verhaltenskonsequenzen (C) daraus entstehen, sondern die Art und Weise, wie wir diese Situation für uns bewerten, unser Bewertungssystem (B).

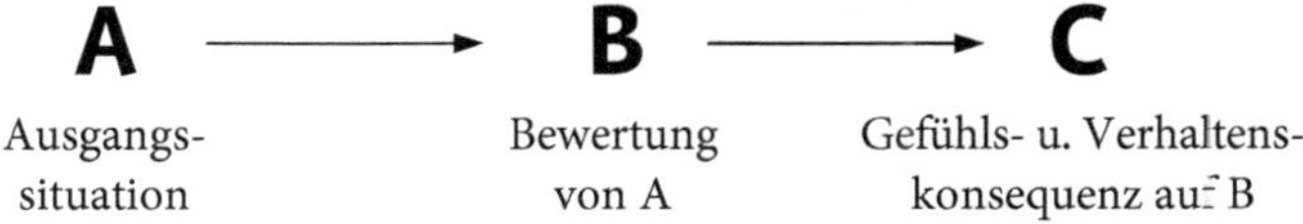

Inhaltlich bedeutet dies, dass eine bestimmte Ausgangssituation (*A*) nicht automatisch zu einer bestimmten Gefühls- oder Verhaltensreaktion (*C*) führt, sondern dass dies erst durch unser Bewerten der Situation (*B*) geschieht. Das heißt auch, dass wir es mehr oder weniger selbst in der Hand haben und daher auch selbst dafür verantwortlich sind, wie wir uns fühlen.

Das ist für viele sicherlich erst einmal ziemlich schockierend und schwer zu schlucken. Aber der Vorteil daran, wenn man an etwas selbst schuld ist, ist offensichtlich: Es steht dann in der eigenen Macht, etwas daran zu verändern. Hier bedeutet es, dass wir unangemessene Gefühle vermeiden können, wenn wir die GFT-Konzepte ändern, die zu diesen Gefühlen führen. Damit haben wir es selbst in der Hand, wie wir uns fühlen – und zum Glück nicht andere.

Schauen wir uns nun die einzelnen Bestandteile des ABC-Modells genauer an, um zu verstehen, wieso das so ist.

Die Ausgangssituation (A)

Um etwas zu bewerten, muss man etwas bewusst oder unbewusst mit den Sinnesorganen wahrgenommen haben. Die optischen, akustischen, taktilen, Geruchs- oder Geschmackssignale werden dann im Gehirn verarbeitet. Unser Wahrnehmen liefert die Grundlage für das, was wir zu diesem Zeitpunkt bewerten und damit auch für unsere Gefühls- und Verhaltensreaktionen. Deswegen ist es wichtig, A möglichst präzise und realistisch zu beschreiben. Gelingt uns das nicht, riskieren wir unnötige Probleme, weil wir uns mit unserem Bewerten dann auf etwas Irreales stützen.

Man kann das Beschreiben der Ausgangssituation mit einer Momentaufnahme vergleichen, einem Foto mit der Fähigkeit, auch Geräusche, Gerüche, Geschmack und Berührungen wiederzugeben. Hier steht nur das, was *jeder* Mensch zu diesem Zeitpunkt wahrnehmen könnte, mehr nicht. Konkret stehen hier die Antworten auf folgende Fragen:

- Was geschieht gerade zu dem Zeitpunkt, als ich diesen Gedanken oder dieses Gefühl habe?

- Was kann jeder Mensch ohne Vorwissen in dieser Situation wahrnehmen und beschreiben?

Hier einige Beispiele für ein A:

- Ich stehe vor meinem Schreibtisch. Darauf liegen die Vordrucke für die Steuererklärung.
- Meine Frau sagt: »Du wolltest doch den Keller aufräumen.«
- Beim Betreten der U-Bahn riecht es nach Schweiß.

Das Bewertungssystem (B)

Zum Bewertungssystem gehören alle bewussten und unbewussten Gedanken zum Zeitpunkt A, z. B. Erinnerungen, Schlussfolgerungen, Träume, Moralvorstellungen, Ziele, Spekulationen und Bewertungen. Diese kognitiven (d. h. gedanklichen) Prozesse können sich auf alle Sinne beziehen: auf akustische, verbale, optische, taktile Reize, auf Gerüche und Geschmack, aber auch auf andere Gedanken, auf Träume und Fantasien. Schaut man genauer hin, lassen sich diese Denkprozesse, die unsere Gefühle und unser Verhalten steuern, in drei unterschiedliche kognitive Qualitäten aufteilen:

(1) Wahrnehmen (inklusive des Verarbeitens und Speicherns), Erinnern und Vergleichen
(2) Schlussfolgerndes Denken, logisches Ableiten und Prognostizieren
(3) Bewerten des Geschlussfolgerten unter Berücksichtigen der eigenen Ziele

Diese drei Denkleistungen bilden zusammen das Bewertungssystem. Betrachten wir das etwas genauer.

B1: Die persönliche Sichtweise. Hier steht, welche *persönliche Realität* der Betrachter zum Zeitpunkt A wahrnimmt (was eine persönliche Realität ist, betrachten wir im Abschn. 5.2.1). Dazu gehören die persönlichen Ziele und Werte, die wir zurzeit verfolgen, unser Vorwissen, unsere Erfahrungen, Annahmen und überdauernden Normen- und Glaubensgrundsätze. Hier wird also beschrieben, wie jemand eine Situation mit seiner subjektiven »Brille« wahrnimmt.

Fazit

In **B1** steht die Antwort auf die Frage: »Was sehe ich persönlich mit meinem Vorwissen und mit meinen Moralvorstellungen und Zielen in der Situation A?«

B2: Schlussfolgern und vermutete persönliche Konsequenzen ableiten. Hier kommt die erlernte Art zu interpretieren, zu schlussfolgern und Konsequenzen zu prognostizieren zum Zuge. Dabei wird beschrieben, was wir aufgrund der persönlichen Sichtweise (B1) glauben, was die konkrete Situation A für uns zu bedeuten und welche Konsequenzen sie für uns und unsere (Lebens-)Ziele hat.

Fazit

In **B2** steht die Antwort auf die Frage: »Was schlussfolgere ich aus meiner persönlichen Sichtweise und welche persönlichen Konsequenzen vermute ich?«

B3: Bewerten. Als Letztes wird das, was wir zuvor an persönlichen Konsequenzen geschlussfolgert haben, vor dem Hintergrund der eigenen Ziele bewertet.

Fazit

In **B3** steht die Antwort auf die Frage: »Wie finde bzw. wie fände ich das, was ich eben geschlussfolgert habe und an persönlichen Konsequenzen vermute?«

Das Bewertungssystem in der Übersicht		
	Was steht hier?	**Mit welchen Fragen finde ich heraus, was ich denke?**
Bewertungs-system B	Alle bewussten und unbewussten Gedanken zum Zeitpunkt **A**	**B1 (die persönliche Sichtweise):** Was sehe ich persönlich in der Situation A mit meinem Vorwissen und meinen Zielen und Normen? **B2 (Schlussfolgerungen und vermutete persönliche Konsequenzen):** Was hat das für mich zu bedeuten, welche Konsequenzen vermute ich? **B3 (die Bewertung):** Wie finde bzw. fände ich das?

Zum Verdeutlichen greifen wir die obigen Beispiele bei A auf, um zu sehen, wie mögliche Bewertungssysteme dazu aussehen könnten.

Beispiel • Bewertungssysteme

A: Ich stehe vor meinem Schreibtisch. Darauf liegen die Vordrucke für die Steuererklärung.

B1: Das liegt da jetzt schon vier Monate. Das muss ich auch noch machen, wenn ich keine finanziellen Nachteile will. Ich habe dazu keine Lust, das ist mühsam, lästig, langweilig. Man sollte sein Leben nicht mit so einem Mist verschwenden!

B2: Wenn ich jetzt nicht die Kurve kriege, wird das teuer.

B3: Das wäre echt ätzend!

A: Meine Frau sagt: »Du wolltest doch den Keller aufräumen.«

B1: Keller aufräumen ist öde. Na gut, ich hab's versprochen, aber ich habe ja nicht gesagt, wann ich das tun will. Aber irgendwann sollte das schon gemacht sein. Aber morgen ist ja auch noch ein Tag. Dann fällt es mir auch bestimmt leichter.

B2: Sie soll mich damit jetzt gefälligst in Ruhe lassen!

B3: Blöd von ihr.

A: Beim Betreten der U-Bahn riecht es nach Schweiß.

B1: Ich mag das nicht riechen. Andere sollen mich in Ruhe lassen und mir nicht auf den Wecker gehen.

B2: Die sollten sich gefälligst duschen, wenn sie unter Leute gehen, damit ich so was nicht aushalten muss!

B3: Sauerei!

Die Gefühls- und Verhaltenskonsequenzen (C)

Die Gefühlsreaktion. Je nachdem, wie wir eine Situation finden, wie wir sie bewerten, entsteht daraus unser Gefühl, unsere emotionale Reaktion. Aber was ist das überhaupt: ein Gefühl beziehungsweise eine Emotion?

In unserer Alltagssprache gehen viele mit dem Begriff »Gefühl« recht unpräzise um. So sagen manche: »Ich fühle mich verarscht/hintergangen/ausgenutzt/einsam« und meinen damit nicht tatsächlich Emotionen, sondern ihren Eindruck, den sie in einer Situation haben. Oder andere sagen: »Ich habe das Gefühl, gleich umzukippen / total rot zu werden / zu ersticken« und beschreiben auch damit keine Emotionen, sondern Körperreaktionen auf einen Erregungsanstieg, der mit einem Gefühl einhergeht. Oder sie meinen damit Körpergefühle wie Hunger, Durst oder Schmerz, keine seelischen Gefühle.

Diese Ungenauigkeit in der Sprache hat einige Nachteile. Wenn wir beispielsweise nicht genau zwischen Gedanken, Gefühlen und Körperreaktionen auf Gefühle unterscheiden, erkennen wir womöglich nicht, wie wir bestimmte Reaktionen verhindern können, denn sie entstehen nach verschiedenen Rezepten.

Nachstehende Tabelle soll helfen, das künftig besser auseinanderzuhalten.

Gefühle, Gedanken und Körperreaktionen

Seelische Gefühle/ Emotionen	**Körperreaktionen**	**Gedanken/ Einschätzungen**	**Körpergefühle**
Freude	Erröten	Unsicherheit	Hunger
Zuneigung	Schwindelgefühl	Misstrauen	Körperschmerz
Gleichgültigkeit	Ohrensausen	Unglaubwürdigkeit	Kälte
Hass	Herzrasen	verhöhnt werden	Durst
Zufriedenheit	Herzstiche	Vertrauen	Druck
Scham	Schwitzen	Einsamkeit	Müdigkeit
Besorgnis	Zittern	Sicherheit	Wärme
Enttäuschung	Atembeschwerden	Verbundenheit	
Angst	Harndrang	Abhängigkeit	
Kummer	Übelkeit	Freiheit	
Niedergeschlagenheit	Kreislaufstörungen	verpflichtet sein	
Trauer	Verstopfung	ohnmächtig sein	
Unzufriedenheit	Kopfschmerzen	ausgeliefert sein	
Panik	Muskelspannung	gemocht werden	

Seelische Gefühle/ Emotionen	Körper-reaktionen	Gedanken/ Einschätzungen	Körpergefühle
Wut	Erblassen	ausgelacht werden	
Liebe	in Ohnmacht fallen	abgelehnt werden	
Ärger			
Abneigung			

Wenn in diesem Buch von Emotionen oder Gefühlen die Rede ist, sind damit folgende seelische Gefühlszustände gemeint:

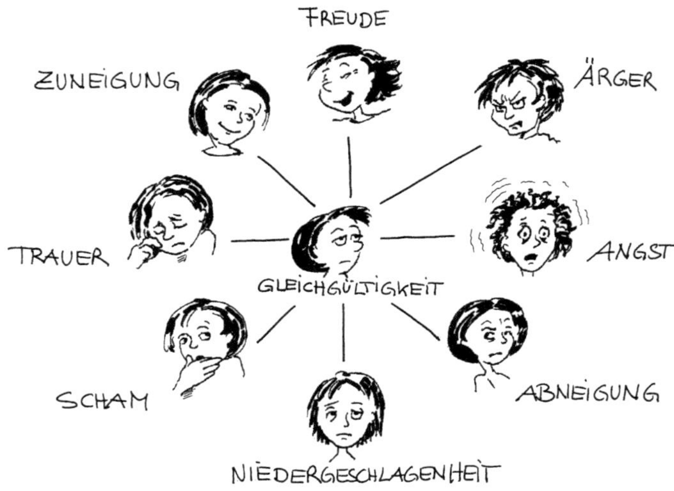

Gefühlsdimensionen

Für diese einzelnen »Gefühlsdimensionen« haben wir unterschiedliche Begriffe parat, die zwar das gleiche Gefühl beschreiben, aber in unterschiedlicher Intensität. Solche Gefühlsbenennungen sind vom individuellen Sprachgebrauch geprägt und haben deshalb nur eine rein persönliche Bedeutung. Der nachfolgende Gefühlsstern zeigt deswegen nur *eine mögliche* Einordnung der Begriffe, denn nicht nur Opas und Enkel benutzen für dieselbe Sache oft unterschiedliche Worte. Die einzelnen Gefühlsbezeichnungen könnten bei anderen Personen auch in einer veränderten Reihenfolge stehen. Einige Begriffe könnten bei ihnen wegfallen, andere hinzukommen, denn der Wortgebrauch variiert z. B. nach Alter, Geschlecht und sozialer Schicht.

Das neutrale Gefühl »Gleichgültigkeit« steht hier in der Mitte, weil es keine unterschiedlich starke Gleichgültigkeit gibt, denn egal ist egal, »egaler« existiert ebenso wenig wie »schwangerer« oder »toter«.

Bei allen anderen Gefühlsdimensionen nimmt die Stärke des jeweiligen Gefühls zu, je weiter außen die Begriffe auf den Skalen liegen.

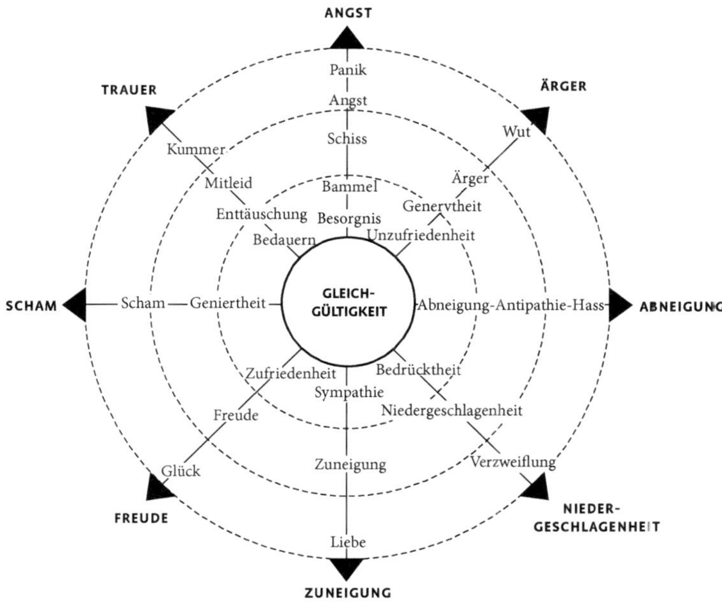

Gefühlsstern. Die Gefühlsintensität der Gefühlsdimensionen kann durch unterschiedliche Begriffe näher bestimmt werden (s. a. **AB 1**)

Wir kennen das ja zur Genüge aus eigener Erfahrung: Gefühle gehen mit mehr oder weniger starker innerer Erregung einher, egal ob wir sie mögen oder nicht. Diesen Erregungspegel nennt man das *emotionale Stressniveau*. In der Regel nimmt dieses Stressniveau zu, je stärker wir eine Emotion empfinden. Einzige Ausnahme: Bei Niedergeschlagenheit nimmt sie mit steigender Gefühlsintensität ab. Diesen Zusammenhang zeigt der folgende Gefühlsstern. Darin wird die Intensität eines Gefühls und damit auch das Stressniveau durch konzentrische Kreise dargestellt. Um nicht jedes Mal prüfen zu müssen, welche Gefühlsstärke jemand mit einem Gefühlsausdruck meint, benutzen wir künftig für unterschiedliche Gefühlsintensitäten nicht mehr verschiedene Begriffe, sondern bezeichnen sie stattdessen mit einer Zahl zwischen 1 (sehr schwach) und 10 (maximale Stärke). So beispielsweise Angst (1) für *Besorgnis*, Angst (3) für *Bammel*, Angst (6) für *Muffensausen* und Angst (10) für *Panik*. Dann müssen wir nicht mehr nachfragen: »Ist *Schiss* für Sie stärker oder schwächer als *Bammel*?«

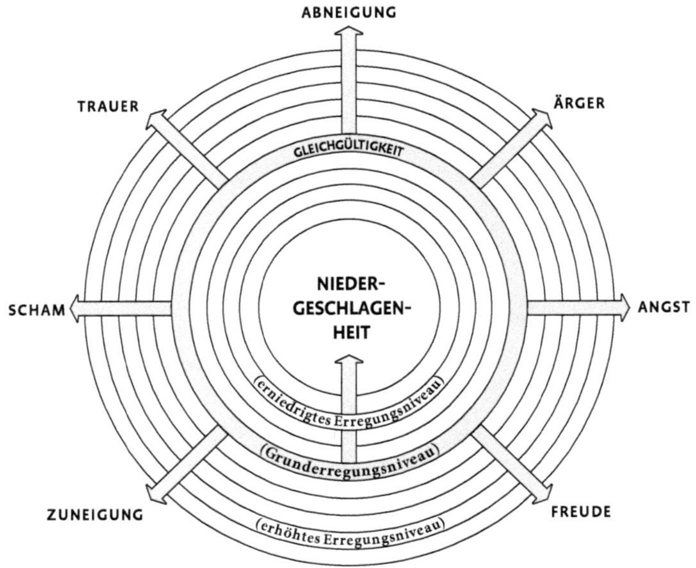

Gefühlsstern mit Einteilung nach dem Erregungsniveau (s. a. **AB 2**)

Auch hierzu betrachten wir, wie mögliche emotionale Reaktionen auf die oben beschriebenen Situationen aussehen könnten.

Beispiel

Gefühl C1	Angst (4) (Sorge im Hinblick auf die Steuererklärung)
	Ärger (3) (Unzufriedenheit mit anstehender Arbeit)
	Ärger (8) (Ärger auf die Fahrgäste in der U-Bahn).

Die Verhaltensreaktion. Die Verhaltensreaktion beschreibt, wie jemand auf die Ausgangssituation hin reagiert, wie er sich daraufhin verhält. Hier soll nur beobachtbares, willkürlich steuerbares Verhalten beschrieben werden. Reaktionen wie zum Beispiel »ich werde rot«, »ich mache es das nächstes Mal besser« oder »am nächsten Tag habe ich angerufen« gehören nicht hierher, weil sie körperliche Begleitsymptome des Erregungsanstiegs beschreiben, Vorsätze wiedergeben oder Verhalten beschreiben, das nicht direkt auf die Situation hin erfolgt.

Für obige Beispiele könnten die Verhaltensreaktionen C2 so aussehen:

Beispiel

Verhalten C2	Ich hole mir einen Kaffee und schlage die Tageszeitung auf.
	Ich sage: »Ja, ja. Aber nicht heute, ich hab' nun wirklich Wichtigeres zu tun!«
	Ich sage: »Mensch, stinkt das hier«, und klappe ein Fenster auf.

Das ABC-Modell in der Übersicht (s. a. AB 3)

	Worum geht's hier?	**Mit welchen Fragen finde ich das heraus?**
A Ausgangs-situation	Das »objektive« Beschreiben der Situation.	Was kann jeder Mensch ohne Vorwissen in dieser Situation wahrnehmen und beschreiben?
B Bewertungs-system	Alle bewussten und unbewussten Gedanken zum Zeitpunkt A.	**B1 (persönliche Sichtweise):** Was sehe ich mit meinem Vorwissen, persönlichen Geschmack und meinen Zielen in der Situation? **B2 (Schlussfolgerungen und vermutete Konsequenzen):** Was, glaube ich, hat das für mich zu bedeuten? Welche Konsequenzen hat bzw. hätte das für mich? **B3 (Bewertung):** Wie finde bzw. fände ich das?
C Konse-quenzen	Mein Gefühl und mein Verhalten aufgrund der bewerteten Situation A.	**C1 (Gefühl):** Welches Gefühl habe ich nach dem Bewerten der Situation? Spüre ich Körperreaktionen? **C2 (Verhalten):** Was tue ich daraufhin?

Im zeitlichen Ablauf sieht das dann so aus:

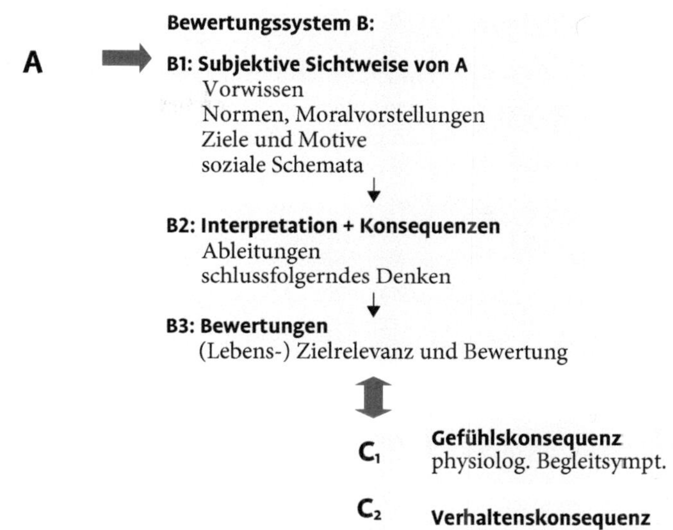

3.2.2 Beispiele für ABC-Modelle

Zum besseren Verständnis, wie GFT-Konzepte mithilfe des ABC-Modells beschrieben werden können, betrachten wir nun einige Beispiele.

Beispiel • ABC-Modelle

Moritz

Moritz kennen wir ja bereits aus Abschnitt 1.1.3. Vor einigen Wochen hat er sich wieder einmal als DJ in einer Disko beworben. Da er bis heute keine Antwort erhalten hat, beschließt er, nun »aktiv« zu werden und den Besitzer anzurufen. Der teilt ihm dann nur knapp mit:

A Ausgangssituation	»Dein Repertoire ist mir zu verstaubt. Wir suchen da jemanden, der up to date ist.«

B Bewertungssystem	B1 *(persönliche Sichtweise):* Auch der mag meinen Musikgeschmack nicht. Ich bin nicht mehr gefragt. Der erwartet, dass ich mich verändere und auf der neuen Welle reite. Ich habe mich aber schon seit Jahren nicht mehr um aktuelle Strömungen gekümmert. Das jetzt alles nachzuholen, wäre extrem mühsam. B2 *(Schlussfolgerungen und vermutete persönliche Konsequenzen):* Das hat eh keinen Sinn. B3 *(Bewertung):* Das ist alles eine hoffnungslose Scheiße.
C Konsequenzen	*Gefühl (C1)*: Niedergeschlagenheit (8), körperliche Begleiterscheinungen: Müdigkeit. *Verhalten (C2)*: Ich antworte »Na, dann eben nicht« und lege auf.

Hannes

Auch Hannes kennen wir schon. Heute hatte er wieder einmal einen finanziell erfolgreichen Tag: Er hat doch tatsächlich auf einen Schlag drei Eigentumswohnungen verkauft! Das muss jetzt nur noch schriftlich dokumentiert werden. Er kommt um 16:30 Uhr gut gelaunt zurück ins Büro und beauftragt die Mitarbeiterin, die Verkäufe unbedingt gleich noch zu dokumentieren. Da antwortet die doch glatt:

A Ausgangssituation	»Ich fürchte, das wird nichts. Ich habe um 17 Uhr Feierabend und danach gleich einen Arzttermin. Mit etwas Glück schaffe ich es, einen Vertrag zu bearbeiten. Den Rest mache ich dann morgen früh.«

B Bewertungssystem	B1 *(persönliche Sichtweise):* Die weigert sich zu tun, was ich ihr sage. Ich maloche den ganzen Tag und die macht hier Dienst nach Vorschrift. Und dafür will sie auch noch bezahlt werden! Damit macht sie mir das Leben schwer. Sie wird lästig! B2 *(Schlussfolgerungen und vermutete persönliche Konsequenzen):* Die sollte gefälligst tun, was ich von ihr verlange. Die darf meinen Erfolg nicht gefährden. B3 *(Bewertung):* Das ist eine Unverschämtheit, eine Riesensauerei!
C Konsequenzen	*Gefühl (C1)*: Wut (Ärger 10), körperliche Begleiterscheinungen: Erröten, Herzrasen mit Kreislaufstolpern, Magenschmerzen, Übelkeit *Verhalten (C2)*: Ich schreie: »So eine Einstellung finde ich echt zum Kotzen! Sie sollten sich überlegen, was Sie da sagen, wenn Sie hier weiter Ihre Brötchen verdienen wollen. So was akzeptiere ich nicht!«

3.2.3 Detektivarbeit: eigene GFT-Konzepte entdecken

Wir kennen nun die Zusammenhänge zwischen unserem Denken und unseren Gefühlen und das ABC-Modell, das uns als Werkzeug, beim Erkennen eigener, oft schon unbewusster GFT-Konzepte dient.

Beim Rekonstruieren unbewusster Konzepte helfen uns auch die Eigenheiten kognitiver Prozesse. Dabei nutzen wir zum einen die logische Verbindung zwischen unserem Bewerten und dem daraus hervorgehenden Gefühl (die »Bewertung-Gefühls-Logik«) und zum anderen die logischen Zusammenhänge innerhalb des Bewertungssystems (die »interne B-Logik«). Beides verwenden wir, wenn wir unser GFT-Konzept zeitlich rückwärtsgerichtet, »von unten« erarbeiten.

Aber betrachten wir zuvor die beiden logischen Zusammenhänge genauer.

Die Bewertung-Gefühls-Logik

Zwischen dem Bewerten (B3) und der Gefühlsreaktion (C1) gibt es eine wichtige Eigenheit: Zwischen beiden besteht eine »eineindeutige« Beziehung. Das bedeutet, sobald eines von beiden bekannt ist, lässt sich das andere daraus logisch schließen. Das besagt inhaltlich:

- Haben wir eine Situation bewertet, ist an dem daraus zwangsläufig folgenden Gefühl nicht mehr zu rütteln.
- Andererseits lässt sich aus jedem Gefühl eindeutig darauf schließen, wie die zuvor gefällte Bewertung lauten muss.

Prüfen wir das: Welche Gefühle folgen aus Bewertungen wie: »Ausgezeichnet!«, »Mist!«, »Egal«, »Sauerei!«, »Wie peinlich!«, »Schade«, »Das wäre ja schrecklich!« oder »Das ist alles schrecklich und hoffnungslos«?

Daraus ergeben sich zwangsläufig die Gefühle: Freude, Ärger, Gleichgültigkeit, Wut, Scham, Enttäuschung, Angst und Niedergeschlagenheit.

Andererseits ist logisch, dass jemand, der sich ärgert, etwas als *Sauerei, Unverschämtheit, Frechheit* oder ähnlich bewertet haben muss, dass der Ängstliche etwas *gefährlich* gefunden oder dass für ihn etwas *schlimm* oder *peinlich* sein könnte. Der Deprimierte hat etwas als *schrecklich und aussichtslos* betrachtet und bei Scham muss man etwas *peinlich*, bei Gelassenheit *egal* und bei Freude *schön* oder *toll* gefunden haben.

Für die neun Gefühle unseres Gefühlssterns erhalten wir so folgende eineindeutige Bewertungen:

Die Bewertung-Gefühls-Logik

Bewertung:	Gefühl:
Ausgezeichnet!	Freude
Sauerei!	Ärger
Egal.	Gleichgültigkeit
Den/die /das finde ich toll!	Zuneigung
Wie peinlich!	Scham
Schade.	Enttäuschung
Das wäre ja schrecklich!	Angst
Das ist schrecklich und hoffnungslos.	Deprimiertheit
Den/die/das finde ich ätzend.	Abneigung

Die interne B-Logik

Die einzelnen Teile im Bewertungssystem laufen zeitlich nacheinander ab. Dieser Ablauf, seine interne Logik, lässt sich nutzen, um eigenen Denkmustern auf die Schliche zu kommen. Er erweist sich als äußerst hilfreich beim Rekonstruieren und beim logischen Prüfen von Denkprozessen, denn jede Bewertung (B3) lässt bei den Schlussfolgerungen und vermuteten persönlichen Konsequenzen (B2) bestimmte Inhalte erwarten. Wenn jemand z. B. bei B3 etwas schlimm fände, muss er zuvor eine Gefahr geschlussfolgert haben. Diese müsste dann in B2 auftauchen (das, was er so schlimm *fände*). Steht bei B3 die Bewertung *schade*, dann muss in B2 der Verlust beschrieben sein (das, was man so schade findet). Tauchen diese Inhalte bisher nicht im Bewertungssystem auf, gilt es, sie zu erfragen. Wie das für einzelne Emotionen geschieht, zeigt uns nachfolgende Übersicht. In ihr sind für alle Bewertungen die Fragen angeführt, mit denen die zuvor gefällten Schlussfolgerungen und vermuteten persönlichen Konsequenzen (B2) als auch die vorangegangenen persönlichen Sichtweisen (B1) zu ermitteln sind (s. a. **AB 5**).

Die interne Logik von Bewertungssystemen

B3	Frage nach B2	Frage nach B1
Toll, schön	Was finde ich toll? Worin besteht der Gewinn?	Wie komme ich darauf, dass das toll ist?
Sauerei, unverschämt	Was finde ich eine Sauerei? Welche Norm wurde verletzt?	Wie komme ich darauf, dass das eine Sauerei ist?
Peinlich	Was finde ich peinlich? Gegen welche Norm verstoße ich?	Wie komme ich darauf, dass ich *so* nicht in Ordnung bin?
Schade, schlimm	Was finde ich so schlimm? Worin besteht der Verlust?	Wie komme ich darauf, dass das ein Verlust ist?
Hoffnungslos und furchtbar	Was finde ich so hoffnungslos, furchtbar und sinnlos?	Wie komme ich darauf, dass deswegen alles hoffnungslos/sinnlos ist?
Der/die/das finde ich toll.	Was finde ich an der/dem so toll?	Wie komme ich darauf, dass das an der/dem so toll ist?
Das wäre furchtbar.	Was wäre daran so furchtbar? Was befürchte ich?	Wie komme ich darauf, dass das furchtbar ist?
Egal	Was ist mir egal?	Wie komme ich darauf, dass das für mich nichts bedeutet?
Der/die/das finde ich ätzend.	Was finde ich an dem/der ätzend?	Wie komme ich darauf, dass das an dem/der so ätzend ist?

Das Rekonstruieren eines GFT-Konzepts »von unten«
Unbewusste GFT-Konzepte lassen sich mithilfe des ABC-Modells »von unten«, von der Gefühlsreaktion ausgehend und entgegen dem tatsächlichen Verlauf erstellen. Da man meist leichter eine Gefühlsreaktion erkennen kann als die Gedanken, denen dieses Gefühl zu verdanken ist, rekonstruieren wir unser GFT-Konzept mithilfe der Bewertung-Gefühls-Logik »von unten«. Dabei gehen wir folgendermaßen vor:

ABC-Modell »von unten« erstellen:

A → C1 → B3 → B2 → B1

Vorgehen beim Rekonstruieren eines GFT-Konzepts »von unten«
Rekonstruieren von B3: Kann man die Emotion in einer Situation (A) benennen, ohne die zuvor abgelaufenen Gedanken zu erinnern, nutzt man die Bewertung-Gefühls-Logik, indem man die zum genannten Gefühl passende Bewertung logisch erschließt (s. hierzu die Übersicht in diesem Abschnitt).
Rekonstruieren von B2: Von der Bewertung (B3) ausgehend erfragt man die dazu gehörigen Schlussfolgerungen und vermuteten persönlichen Konsequenzen (B2) (s. hierzu die Übersicht in diesem Abschnitt). Ohne *genau* erschließen zu können, was unter B2 steht, lässt sich doch zumindest ein logischer Zusammenhang herstellen und beim Rekonstruieren des eigenen Denkmusters nutzen, denn jede Emotion lässt einen bestimmten Inhalt bei B2 erwarten (s. »Die interne Logik von Bewertungssystemen« in diesem Abschnitt.)
Rekonstruieren von B1: Zur persönlichen Sichtweise (B1) gehören die eigenen Ziele, Normen, Lebensregeln, Konzepte und Erfahrungen. Diese individuelle Sichtweise in einer Situation lässt sich wiederentdecken durch die Frage »Wie komme ich darauf, was ich in B2 geschlussfolgert habe und an persönlichen Konsequenzen vermutete?« Denn B2 beschreibt ja die eigenen Schlussfolgerungen aus B1. Obige Frage soll klären, aus welchen persönlichen Sichtweisen man diese Schlussfolgerungen zieht.

■ **Beispiel**

Hat jemand in einer Situation mit Angst reagiert, muss bei B2 stehen, welche Konsequenzen er gerade befürchtet und bei B1, wie er darauf kommt, dass das für ihn gefährlich ist. Diese gedanklichen Inhalte können wir folgendermaßen erfragen:

Frage bei B2: »Was genau befürchte ich, könnte mir in dieser Situation geschehen?«

Antwort: »Ich könnte die falsche Entscheidung treffen und würde es danach mein Leben lang ausbaden und bedauern müssen.«

Frage bei B1: »Wie komme ich darauf, dass das passieren könnte?«

Antwort: »Ich habe das schon häufiger erlebt, dass ich für falsche Entscheidungen leiden musste. Wer nichts entscheidet, macht auch nichts falsch. Besser man macht nichts, solange man nicht weiß, was garantiert richtig ist und was man nie bedauern wird.«

Besonderheiten beim Rekonstruieren von GFT-Konzepten

Auf der Suche nach den eigenen GFT-Konzepten können wir sogar noch präziser auf die Inhalte schließen, die wir bei B1, unserer persönlichen Sichtweise, und B2, unseren Schlussfolgerungen und vermuteten persönlichen Konsequenzen, erwarten können, als das durch die innere B-Logik allein möglich ist. Das liegt daran, dass für die unterschiedlichen psychischen Problembereiche, die wir bereits in Abschnitt 1.1.1 betrachteten, sowohl bei B1 als auch bei B2 problemtypische Inhalte auftauchen müssen. Für die GFT sind das folgende:

▶ In B1 stehen typische GFT-Sichtweisen wie z. B. »Das Leben muss immer angenehm sein«, »Ich will um meiner selbst willen geliebt werden«, »Ich will auf nichts Positives verzichten müssen« oder »Es ist unerträglich, wenn es nicht genau so ist, wie ich es möchte«.

- In B2, den konkreten Schlussfolgerungen und vermuteten Konsequenzen, steht dann, was wir aus obigen GFT-Sichtweisen ableiten, z. B. »Der sollte das nicht tun, weil ich das nicht will!«, »Das müssen die mir geben, weil ich immer bekommen habe, was ich will«, »Wenn ich mich jetzt entscheide, könnte das falsch sein und ich muss unangenehme Konsequenzen ausbaden«, »Das Leben wird nie wieder so schön und einfach sein wie früher« oder »Weil ich noch nicht die optimale Lösung ohne Nachteile gefunden habe, sollte ich besser gar nichts machen, sonst könnte ich das später bedauern«.

3.2.4 Beispiele für das Erarbeiten eigener GFT-Konzepte

Das war jetzt sehr viel Theorie. Betrachten wir deshalb nun an drei Beispielen wie man unbewusste GFT-Konzepte wieder herausarbeiten kann.

Beispiel • Frau Hauptmann erarbeitet ihr GFT-Konzept

Frau Hauptmann lernten wir bereits in Abschnitt 2.1.1 als Vertreterin der Forderer kennen. Heute hat sie wieder einen spektakulären Auftritt. Kaum sitzt sie an ihrem Schreibtisch in der Anwaltskanzlei, als ihre Kollegin lächelnd auf sie zu kommt und sagt: »Guten Morgen. Du, ich geh' ja jetzt für zwei Wochen in den Urlaub. Der Chef meint, dass du in der Zeit einige meiner Klientenakten betreuen sollst. Kann ich dich da kurz einweisen?«

Zunächst starrt Frau Hauptmann sie ungläubig an, dann platzt sie wütend heraus: »Das gibt's doch wohl nicht! Soll ich jetzt etwa bei meinem mickrigen Gehalt auch noch für zwei arbeiten? Das ist ja die reinste Ausbeutung!« Die Kollegin erblasst und weicht erschrocken zurück.

Erst nach 30 Minuten hat sich Frau Hauptmann wieder so weit beruhigt, dass sie sich daran machen kann herauszufinden, was da gerade bei ihr vorgegangen ist. Sie versucht, ihre Gedanken für diese Situation zu rekapitulieren:

Situation A	Die Kollegin sagt: »Guten Morgen. Du, ich geh' ja jetzt für zwei Wochen in den Urlaub. Der Chef meint, dass du in der Zeit einige meiner Klientenakten betreuen sollst. Kann ich dich da kurz einweisen?«
Gefühl C1	Wut (Ärger 10) mit Erröten und Herzklopfen
Bewertung B3	Über die Bewertung-Gefühls-Logik ermittelt sie die zu diesem Gefühl eindeutig passende Bewertung mit der Frage: »Wie muss ich etwas finden, um so wütend zu werden?« Antwort: »So eine Sauerei!«
Schlussfolgerungen und vermutete persönliche Konsequenzen B2	Von ihrer *Bewertung* schließt sie zurück auf B2, die vorangegangenen *Schlussfolgerungen und vermuteten persönlichen Konsequenzen*. Dazu benutzt sie die Fragen: »Was finde ich so eine Sauerei? Wie heißt der Normenverstoß?« Antwort: »Die sollen mich gefälligst nicht mit weiterer Arbeit belasten! Ich sollte nicht ungerecht behandelt werden!!«
Persönliche Sichtweise B1	Aus B2 kann sie die vorher abgelaufene *persönliche Sichtweise* B1 mit der Frage erheben: »Wie komme ich darauf, dass sie mich nicht belasten *dürfen* und dass es gerecht zugehen *muss*?« Antwort: »Wenn ich jetzt auch noch ihre Klienten betreuen soll, ist das mehr Arbeit für mich. Man darf keine zusätzliche Belastung von mir fordern. Ich werde dafür nicht extra bezahlt. Das ist ungerecht!«

Frau Hauptmann schaut auf das Blatt. So ergibt das natürlich noch keinen Sinn. Sie hat ja ihre Gedanken zeitlich »rückwärts« aufgeschrieben. Sie stellt sie nun in der richtigen Reihenfolge auf und weiß dann, wie sie ihren Wutanfall selbst ausgelöst hat:

Situation A	Die Kollegin sagt: »Guten Morgen. Du, ich geh' ja jetzt für zwei Wochen in den Urlaub. Der Chef meint, dass du in der Zeit einige meiner Klientenakten betreuen sollst. Kann ich dich da kurz einweisen?«
Persönliche Sichtweise B1	»Wenn ich jetzt auch noch ihre Klienten betreuen soll, ist das mehr Arbeit für mich. Man darf keine zusätzliche Belastung von mir fordern. Ich werde dafür nicht extra bezahlt. Das ist ungerecht!«
Schlussfolgerungen und vermutete persönliche Konsequenzen B2	»Die sollen mich gefälligst nicht mit weiterer Arbeit belasten! Ich sollte nicht ungerecht behandelt werden!«
Bewertung B3	»So eine Sauerei!«
Gefühl C1	Wut (Ärger 10) mit Erröten und Herzklopfen
Verhalten C2	Ich schreie: »Das gibt's doch wohl nicht! Soll ich jetzt etwa bei meinem mickrigen Gehalt auch noch für zwei arbeiten? Das ist ja die reinste Ausbeutung!«

Beispiel • Frau Prokrastl erarbeitet ihr GFT-Konzept

Frau Prokrastl hat sich im Abschnitt 2.2.1 bereits als geübte Vermeiderin geoutet. Heute gibt sie uns ein weiteres Beispiel für ihre auf kurzfristige Belastungsminimierung ausgerichtete Vermeidungsstrategie. Sie sitzt gerade in der Küche vor einem leeren Kaffeebecher und ist ziemlich unzufrieden. Schauen wir einmal, weshalb:

Situation A	Mittwoch, 15:20 Uhr, ich sitze in der Küche und schaue auf meinen leeren Kaffeebecher.
Gefühl C1	Unzufriedenheit (Ärger 2), körperliche Begleitreaktion: keine bemerkt
Bewertung B3	Über die Bewertung-Gefühls-Logik ermittelt sie die zu ihrem Gefühl eindeutig passende Bewertung mit der Frage: »Wie muss ich etwas finden, um so unzufrieden zu sein?« Antwort: »Ich finde das blöd.«
Schlussfolgerungen und vermutete persönliche Konsequenzen B2	Von ihrer *Bewertung* schließt sie zurück auf ihre vorangegangenen *Schlussfolgerungen und vermuteten persönlichen Konsequenzen* B2. Dazu benutzt sie die Frage: »Was finde ich so blöd?« Antwort: »Die sollten mir das Leben nicht so schwer machen, das habe ich nicht verdient.«
Persönliche Sichtweise B1	Von B2 kann sie ihre vorher abgelaufene *persönliche Sichtweise* mit den Fragen ableiten: »Wie komme ich darauf, dass die mir das Leben nicht schwer machen dürfen und dass ich das nicht verdient habe?« Antwort: »Wenn man schon Steuern zahlen muss, sollte das einfacher sein. Steuererklärungen sind lästig. Wenn man sie nicht rechtzeitig abgibt, wird's teuer. Mein Leben sollte entspannt und angenehm sein.«

Auch dieses ABC-Modell schauen wir uns nochmals in der zeitlich richtigen Abfolge an:

Situation A	Mittwoch, 15:20 Uhr, ich sitze in der Küche und schaue auf meinen leeren Kaffeebecher.

Persönliche Sichtweise B1	»Wenn man schon Steuern zahlen muss, sollte das einfacher sein. Steuererklärungen sind lästig. Wenn man sie nicht rechtzeitig abgibt, wird's teuer. Mein Leben sollte entspannt und angenehm sein.«
Schlussfolgerungen und vermutete persönliche Konsequenzen B2	»Die sollten mir das Leben nicht so schwer machen, das habe ich nicht verdient.«
Bewertung B3	»Das finde ich blöd.«
Gefühl C1	Unzufriedenheit (Ärger 4), körperliche Begleitreaktion: innere Anspannung
Verhalten C2	Ich schenke mir noch einen Kaffee ein und löse das Kreuzworträtsel in der Zeitung.

Beispiel • Herr Zauder erarbeitet sein GFT-Konzept

Herrn Zauder lernten wir im Abschnitt 2.2.2 als Entscheidungsverweigerer kennen. Heute möchte er sich ein neues Notebook kaufen. Es soll das aktuellste Modell auf dem Markt sein, die besten Leistungsmerkmale aufweisen, stylish aussehen und möglichst wenig wiegen, dabei aber einen 15-Zoll-Bildschirm haben. Kosten soll es natürlich möglichst wenig. Jetzt, im bekanntesten Fachgeschäft der Stadt, hat er endlich nach vielem Hin und Her das Passende gefunden. Der Verkäufer fragt: »Na, soll's das Modell sein?«

Zauder spürt starke innere Unruhe und Herzrasen, er schwitzt plötzlich. Er fürchtet, sich falsch zu entscheiden und verlässt nach einem »Nee, heute nicht« ohne weiteren Kommentar schnell den Laden.

Jetzt, wieder zu Hause, will er wissen, was da bei ihm abgelaufen ist. Er setzt sich an den Schreibtisch und versucht, seine Gedanken in der Entscheidungssituation zu erforschen.

Situation A	Der Verkäufer fragt: »Na, soll's das Modell sein?«
Gefühl C1	Angst (7) mit innerer Unruhe, Herzrasen und Schweißausbruch
Bewertung B3	Über die Bewertung-Gefühls-Logik ermittelt er die zu diesem Gefühl eindeutig passende Bewertung mit der Frage: »Wie muss ich etwas finden, um solche Angst zu spüren?« Antwort: »Das wäre furchtbar.«
Schlussfolgerungen und vermutete persönliche Konsequenzen B2	Von seiner *Bewertung* schließt er zurück auf die vorangegangenen *Schlussfolgerungen und vermuteten persönlichen Konsequenzen* B2. Dazu benutzt er die Fragen: »Was wäre furchtbar? Was genau befürchte ich?« Antwort: »Wenn ich mich jetzt falsch entscheide, werde ich das ewig bereuen. Ich hätte dann keine Freude mehr an diesem Gerät.«
Persönliche Sichtweise B1	Aus B2 kann er die vorher abgelaufene *persönliche Sichtweise* B1 erfragen: »Wie komme ich darauf, dass es falsch sein könnte und dass ich dann keine Freude mehr daran haben werde?« Antwort: »Man kann nur mit der optimalen Lösung zufrieden sein. Bei allen anderen muss man auf irgendetwas verzichten. Ich will nicht verzichten. Wenn ich nicht das Beste habe, kann ich in diesem Gerät immer nur den Makel sehen. Und im Internet gibt es dieses Gerät vielleicht noch günstiger.«

Auch dieses ABC-Modell schauen wir uns nochmals in der zeitlich richtigen Abfolge an:

Situation A	Der Verkäufer fragt: »Na, soll's das Modell sein?«

Persönliche Sichtweise B1	»Man kann nur mit der optimalen Lösung zufrieden sein. Bei allen anderen muss man auf irgendetwas verzichten. Ich will nicht verzichten. Wenn ich nicht das Beste habe, kann ich in diesem Gerät immer nur den Makel sehen. Und im Internet gibt es dieses Gerät vielleicht noch günstiger.«
Schlussfolgerungen und vermutete persönliche Konsequenzen B2	»Wenn ich mich jetzt falsch entscheide, werde ich das ewig bereuen. Ich hätte dann keine Freude mehr an diesem Gerät.«
Bewertung B3	»Das wäre furchtbar.«
Gefühl C1	Angst (7) mit innerer Unruhe, Herzrasen und Schweißausbruch.
Verhalten C2	Ich antworte »Nee, heute nicht«, und laufe aus dem Laden.

Und jetzt Sie!

Bitte beantworten Sie nachstehende Fragen schriftlich.

Aufgabe 17: Was sind unbewusste GFT-Konzepte? Wie entstehen sie? Wozu sollte man sie sich wieder bewusst machen?

Aufgabe 18: Welchen Zusammenhang gibt es zwischen unserer Art zu denken, unseren Gefühlen und unserem Verhalten? Welche wichtigen Schlussfolgerungen können wir daraus für eigene Veränderungen ableiten?

Aufgabe 19: Benennen Sie zwei Möglichkeiten, die Menschen mit GFT-Konzepten haben, um ihre damit zusammenhängenden emotionalen Probleme loszuwerden.

Aufgabe 20: Bitte erklären Sie das ABC-Modell der Gefühle und was es inhaltlich bedeutet. Welche Konsequenzen hätte diese Bedeutung für Sie und Ihr GFT-Problem?

Aufgabe 21: Was steht im ABC-Modell bei der Ausgangssituation A und weshalb ist es wichtig, diesen Zeitpunkt möglichst genau und realitätsnah zu beschreiben?

Aufgabe 22: Was steht im ABC-Modell bei dem Bewertungssystem B und weshalb wird es in drei Teile untergliedert? Benennen und beschreiben Sie diese drei Teile von B.

Aufgabe 23: Was steht im ABC-Modell bei den Konsequenzen C? Benennen und beschreiben Sie die einzelnen Unterteilungen von C. Worauf ist dabei bei den einzelnen Punkten zu achten?

Aufgabe 24: Was versteht man unter einem »Gefühl« bzw. unter einer »Emotion«? Welche kennen Sie? Bitte zeichnen Sie einen »Gefühlsstern« mit seinen einzelnen Gefühlsdimensionen.

Aufgabe 25: Was ist »emotionaler Stress«? Wie entsteht er, was bewirkt er und wie kann man ihn prinzipiell wieder loswerden?

Aufgabe 26: Wie lassen sich inzwischen unbewusst ablaufende GFT-Konzepte wieder bewusst machen? Bitte beschreiben Sie das Vorgehen.

Aufgabe 27: Was versteht man unter der »Bewertungs-Gefühl-Logik«? Wie heißen die Bewertungen für die einzelnen Gefühlsdimensionen? Wozu kann man diese »ein-eindeutige« Beziehung nutzen?

Aufgabe 28: Was ist mit der »internen Logik« eines Bewertungssystems gemeint? Wofür lässt sie sich nutzen? Geben Sie ein Beispiel hierfür.

Aufgabe 29: Bitte beschreiben Sie, wie sich ein ABC-Modell »von unten« erstellen lässt.

Aufgabe 30: Welche Besonderheiten, welche speziellen Gedankenmuster muss man bei GFT-Problemen in B1, der *persönlichen Sichtweise* der Situation A und B2, den *Schlussfolgerungen und vermuteten persönlichen Konsequenzen* erwarten?

Aufgabe 31: Welche Besonderheiten, welche typischen Inhalte muss man bei B2, den *Schlussfolgerungen und vermuteten persönlichen Konsequenzen* für die einzelnen Gefühlsdimensionen erwarten?

Aufgabe 32: In Aufgabe 10 haben Sie Beispiele für eigenen GFT-Reaktionen beschrieben. Versuchen Sie nun, die dazu gehörenden Bewertungssysteme in Form eines ABC-Modells aufzuschreiben. Benutzen Sie dabei das Vorgehen »von unten« und verwenden Sie dazu **AB 4**.

4 Das Prüfen: eigene GFT-Konzepte auf Schädlichkeit testen

Im diesem Kapitel untersuchen wir die herausgearbeiteten eigenen GFT-Konzepte auf Schädlichkeit. Finden wir dabei krankmachende oder belastende Denkmuster, ersetzen wir sie in Kapitel 5 durch sinnvolle.

4.1 Handwerkzeug zum Prüfen eigener GFT-Konzepte

Um die Angemessenheit unseres Denkens und Verhaltens zu prüfen, gibt es einige Hilfsmittel, die in der nachstehenden Angemessenheits-Checkliste zusammengestellt sind.

Checkliste zum Prüfen von Denkmustern

(1) Realitäts-Check: »Wie wahrscheinlich ist das?«
(2) Logik-Check: »Ist das zwingend so?«
(3) Moral-Check: »Darf ich das?«
(4) Ziel-Check: »Dient das meinen langfristigen Zielen?«
(5) Lebensqualitäts-Check: »Geht es mir langfristig gut damit?«
(6) Innere-Logik-Check für Denkmuster: »Ist das Bewertungssystem inhaltlich logisch?«

Betrachten wir zunächst, wobei uns die einzelnen Checks nützen.

(1) Der Realitäts-Check

Realitäts-Checks dienen dazu, Denkmuster auf ihren Wahrheitsgehalt zu prüfen. Mit ihrer Hilfe lassen sich verzerrte Eintrittswahrscheinlichkeiten und Schwarzmalerei korrigieren und unsinnige Verallgemeinerungen erkennen, z. B. bei folgenden Gedanken:

»Das muss *so* sein!«
»Das ist alles total lästig!«
»Ich brauche Sicherheit, um so etwas entscheiden zu können.«
»Das Leben muss immer angenehm und einfach sein.«

Für Realitäts-Checks können wir z. B. folgende Prüffragen nutzen:
»Immer? Für jeden? Egal, was man sich vornimmt?«
»Wie wahrscheinlich ist es, dass …?«
»Gibt es auch Vorteile?«
»Kenne ich jemanden, der ganz sicher weiß, was die Zukunft bringt?«

(2) Der Logik-Check
Mit Logik-Checks können wir Schlussfolgerungen auf Logik untersuchen, unsinnige *Schlussfolgerungen und vermutete persönliche Konsequenzen* erkennen, unangemessene Schuldzuschreibungen aufdecken und fälschlich behauptete Zusammenhänge widerlegen. Damit lassen sich z. B. Sätze prüfen wie:
»Weil sie nicht tut, was ich möchte, handelt sie falsch.«
»Das tut er nur, um mir zu schaden!«
»Wer nichts macht, macht auch nichts falsch.«
»Die dürfen das nicht, weil ich das nicht will!«

Zum Prüfen nutzen wir Fragen, die Gedanken auf Logik und Zwangsläufigkeit testen wie:
»Wie komme ich eigentlich darauf, dass es auch für ihre Ziele falsch ist?«
»Gibt es auch eine andere Erklärung?«
»Könnte es auch falsch sein, sich zu entscheiden, nichts zu machen?«
»Habe ich denn die Macht, über den Geschmack, die Ziele und das Verhalten anderer zu bestimmen?«

Andere typische Fragen beim Logik-Check können sein:
»Wie komme ich darauf, dass es das bedeutet?«
»Was hat das eine mit dem anderen zu tun?«
»Steht das in meiner Macht? Wenn nicht: Wie kann ich dann dafür verantwortlich sein?«

»Könnte es auch etwas anderes bedeuten? Falls ja: Wie wahrscheinlich wäre das?«

(3) Der Moral-Check

Moral-Checks dienen dazu, Einstellungen, Ziele oder Handlungen daraufhin zu prüfen, ob sie zum eigenen Wertesystem passen, d. h. ob wir sie für moralisch halten oder nicht. Mit ihnen lassen sich auch Normenkonflikte aufdecken und lösen, indem wir sie nach Wichtigkeit ordnen, um dann die wichtigere Norm zu befolgen. Wir können damit Schuld- und Sühnekonzepte erkennen und widerlegen, die »Kosten« für unsere Moralvorstellungen verdeutlichen und aufzeigen, dass »Wahrheit«, »Recht« und »Moral« persönliche Einstellungen wiedergeben, die keinen Anspruch auf Allgemeingültigkeit besitzen.

Hier können wir z. B. folgende Aussagen untersuchen:

»Ich darf alles, was mir nützt.«

»Das dürfen die nicht!«

»Die sollten mir das Leben nicht so schwer machen.«

Beim Prüfen helfen uns Fragen, die Moralvorstellungen auf Allgemeingültigkeit testen wie:

»Gilt das auch für alle anderen Menschen?«

»Weshalb sollten die nach *meiner* Norm leben statt nach ihrer eigenen?«

»Wie fände ich es, wenn *mir* jemand seine Art zu leben vorschreiben will?«

Weitere mögliche Prüffragen sind:

»Woher kenne ich diese Norm?«

»Wie komme ich darauf, dass diese Sichtweise *richtig* oder *gut* ist?«

»Bin ich bereit, den Preis für diese Sichtweise zu (er-)tragen?«

»Woher weiß ich, wie stark ich bestraft werden oder büßen muss, um wieder *gut* zu sein?«

»Hat die Sühne bewirkt, dass ich mich danach wieder für *gut* halte?«

»Welche Normen sprechen dafür, welche dagegen? Welche Seite davon halte ich für wichtiger?«

(4) Der Ziel-Check

Ziel-Checks nutzen wir, um Haltungen, Einstellungen oder Handlungen daraufhin zu prüfen, ob sie den eigenen langfristigen Zielen dienen. Wir können damit alte Ziele überdenken, neue formulieren und unnötige psychische Probleme vermeiden. Unter verschiedenen Alternativen können wir damit diejenige auswählen, die unseren Oberzielen am dienlichsten ist. Und wir können damit erkennen, dass wir Ziele benötigen, um Erfolg und Zufriedenheit möglich zu machen.

Bei folgenden typischen GFT-Gedanken sollten wir besser einen Ziel-Check vornehmen:

»Das machen doch alle so!«

»Wenn ich nur wüsste, wie ich mich entscheiden soll!«

»Was meinen *Sie* denn, was ich tun soll?«

»Ich weiß gar nicht, wozu ich morgens aufstehen soll.«

Solche Gedanken können wir z. B. mit folgenden Fragen auf Zielgerichtetheit prüfen:

»Egal, welche Ziele sie verfolgen?« oder »Verfolgen *alle* Menschen dasselbe Ziel?«

»Woran wollen Sie das denn entscheiden?«

»Wollen Sie *meine* Ziele verfolgen oder Ihre eigenen?«

»Haben Sie denn überhaupt nichts vor? Haben Sie gar kein Ziel?«

Weitere typische Fragen bei Ziel-Checks sind z. B.:

»Habe ich Oberziele, nach denen ich das entscheiden kann?«

»Weshalb will ich das nicht entscheiden? Will ich keine Verantwortung übernehmen?«

»Woran liegt es, dass ich nichts vorhabe?«

»Was sind die langfristigen Konsequenzen dieser Haltung? Möchte ich die?«

»Verfolge ich damit eigene Ziele oder die, die ich bei anderen vermutete?«

(5) Der Lebenszufriedenheits-Check

Mit Lebenszufriedenheits-Checks prüfen wir Konzepte, Einstellungen oder Handlungen auf ihre langfristigen Effekte, die sie auf unsere Lebenszufriedenheit haben. Das heißt z. B. zu prüfen, ob sie an der langfristigen Lebenszufriedenheit orientiert sind oder eher nur zur kurzfristigen Belohnung oder Entlastung dienen. So kann man erkennen, dass die langfristig negativen Konsequenzen von Vermeidungsverhalten erheblich schwerer wiegen als die kurzfristig erreichten Erleichterungen und verstehen, weshalb jede Entscheidung *für* eine Alternative gleichzeitig den Verzicht auf alle anderen einschließt.

Bei folgenden typischen Aussagen machen wir besser einen Lebenszufriedenheits-Check:

»Ich hab's gelassen, weil ich mir den Abend damit nicht verderben wollte.«

»Ich hatte Angst, da ging das nicht.«

»Mir war irgendwie nicht danach.«

»Ich will mir da keinen Zwang antun, das muss sich so ergeben.«

Solche Aussagen prüfen wir z. B. mit folgenden, auf langfristige Lebenszufriedenheit ausgerichteten Fragen:

»Hilft mir das kurz- oder langfristig?«

»Kann man etwas auch *mit* oder *trotz* Angst machen?«

»Was ist für mich bedeutsamer: Die Erleichterung, es gestern nicht gemacht zu haben, oder die Konsequenzen daraus, es heute noch vor mir zu haben?«

Weitere mögliche Prüffragen bei Lebensziel-Checks sind:

»Bin ich morgen zufrieden damit, wenn ich es heute nicht mache?«

»Worin besteht mein Vorteil, wenn ich keine Ziele verfolge? Ist dieser Vorteil kurz- oder langfristig?«

(6) Der Innere-Logik-Check für Denkmuster

Um Denkmuster auf innere Logik zu prüfen, nutzen wir die Bewertung-Gefühls-Logik und die interne Struktur von Bewertungssystemen. Zusätzlich wenden wir die oben beschriebenen fünf Checks für Denkmuster an. Der Innere-Logik-Check lässt sich in allen Teilen unseres Bewertungssystems einsetzen.

Betrachten wir das genauer.

Die innere Logik von B1 prüfen. Beim Prüfen der *persönlichen Sichtweise* von der augenblicklichen Situation schauen wir, ob dort neben der persönlichen Wahrnehmung der Situation A auch die eigenen typischen GFT-Konzepte angeführt sind, denn die müssen hier benannt sein.

Die innere Logik von B2 prüfen. Wir untersuchen, ob in den *Schlussfolgerungen* und *vermuteten persönlichen Konsequenzen* der Bezug zu unserem GFT-Denkmuster erkennbar ist. Hier soll deutlich werden, welcher Zusammenhang in der Situation mit dem GFT-Konzept besteht: Worüber regen wir uns auf oder was muss unbedingt vermieden werden?

Zusätzlich kontrollieren wir, ob hier die Inhalte stehen, die beim vorhandenen Gefühl zu erwarten sind. Wir wissen ja, dass sich der Inhalt von B2 gefühlsspezifisch unterscheidet. So können wir z. B. prüfen:

- Bei Angst: Was befürchte ich? Was könnte Schlimmes/Lästiges passieren?
- Bei Ärger oder Wut: Wer verstößt gegen welche meiner Normen oder Forderungen? Worin besteht die Sauerei? Wer hätte was nicht tun dürfen oder tun müssen?
- Bei Trauer: Welchen Verlust erleide ich?
- Bei Niedergeschlagenheit: Was halte ich für so aussichtslos, hoffnungslos?

Die innere Logik von B3 prüfen. Hier untersuchen wir, ob die Bewertung-Gefühls-Logik stimmt. Zusätzlich kontrollieren wir für jede Emotion z. B.:

- Bei Angst: Wäre es wirklich nicht auszuhalten, so furchtbar, schrecklich oder katastrophal?
- Bei Wut- und Ärger: Weshalb sollte es nicht so sein? Ist es für andere womöglich die richtige Lösung?
- Bei Trauer- und Niedergeschlagenheit: Ist es wirklich nicht auszuhalten, so furchtbar, schrecklich oder katastrophal, oder

kann man das Leben vielleicht trotzdem irgendwann wieder genießen?

4.2 Typische Denkfehler bei GFT-Konzepten

Um gut für das anschließende Prüfen der eigenen GFT-Konzepte gewappnet zu sein, betrachten wir zunächst die häufigsten GFT-Muster und die Argumente, die gegen sie sprechen.

4.2.1 »Mein Wille geschehe!« und das Fordern nach dem Richtigen und Gerechten

»Ich! Will!«
Diese häufigste Variante der Egozentrik finden wir bei Forderern, die noch nicht gelernt haben, dass ihr Schrei nach »Mein Wille geschehe!« niemanden mehr interessiert, sobald sie das häusliche Nest der aufopferungsvoll dienenden Eltern verlassen haben.

Definition

Egozentrik (die Selbstbezogenheit) unterscheidet sich vom Egoismus (auf den eigenen Vorteil bedacht sein). Beide führen zu unterschiedlichem Sozialverhalten und daraus resultierenden Konsequenzen. Egozentriker beachten nur sich selbst und ihre eigenen Ziele. Die Position anderer ist für sie irrelevant. Egoisten versuchen, stets das für sich Beste herauszuholen. Menschen sind – wie die meisten Säugetiere – von Natur aus soziale Wesen, die ihren Überlebensvorteil in sozialen Gefügen finden. Da auch Egoisten nicht vereinsamen möchten, beachten sie – aus ureigenem Interesse – zum Teil auch die Perspektiven und Vorlieben anderer, um nicht die negativen emotionalen und sonstigen Konsequenzen sozialer Isolation ertragen zu müssen.

Gegenargumente. Weshalb *müssen* andere etwas mir zuliebe tun? Weshalb sollten sie meine Ziele verfolgen, statt ihre eigenen? Was bin ich so Besonderes, sodass mir andere dienen müssen?

All diese Fragen lassen sich nicht sinnvoll begründen. Dies können Forderer am leichtesten erkennen, wenn sie ihre »reflexive Persönlichkeit« trainieren, indem sie durch Rollenwechselübungen lernen, sich und ihr Verhalten aus der Perspektive anderer zu betrachten und zu bewerten.

»Es muss richtig sein!«

Dies ist ein weiteres häufiges Argument von Forderern, mit dem es sich ganz vortrefflich aufregen lässt. Aber wer so etwas fordert oder um das Rechthaben streitet, muss denken, dass es eine universelle Wahrheit oder Richtigkeit gibt. Manche können deswegen kaum noch Nachrichten sehen oder Zeitung lesen, ohne regelmäßig auszuflippen, wenn sie etwas davon für falsch halten.

Gegenargumente. Menschen sind aus unterschiedlichen Gründen nicht in der Lage, die universelle Wahrheit oder Richtigkeit zu erkennen – falls es denn eine gibt. Der wesentlichste Grund dafür liegt in unserer arg begrenzten Erkenntnisfähigkeit. Menschen können mit ihren eingeschränkten Wahrnehmungskanälen und wegen anderer biologischer Restriktionen nur einen sehr kleinen Teil der Realität wahrnehmen und verarbeiten. Dieser klitzekleine Teil wird zusätzlich durch Wahrnehmungsverzerrungen verfälscht, fehlerhaft gespeichert oder ganz vergessen. Wenn jemand behauptet zu wissen, was für alle richtig ist, muss man das nicht ernst nehmen. Es ist Unsinn. Das gilt allerdings auch für jeden von uns selbst.

»Es muss gerecht sein!«

Auch beim Fordern nach Gerechtigkeit handelt es sich um ein verbreitetes GFT-Konzept, mit dem man häufig und regelmäßig in emotionale Turbulenzen gerät, wenn man irgendwo Ungerechtigkeit wahrnimmt.

Gegenargumente. Beim Begriff »Gerechtigkeit« handelt es sich um ein Konstrukt. Das ist ein Begriff, der etwas Unbeobachtbares beschreibt – wie z. B. »Werwolf«, »Hölle« oder »Seele«. Eine häufige Definition von »Gerechtigkeit« besteht darin, dass dann Gleiches gleich und Ungleiches ungleich behandelt wird. Wenn wir aber ganz genau hinschauen, können wir in der Natur oder unserem Alltag nichts beobachten, wobei diese Bedingungen eingehalten werden. Eine davon wird verletzt: Gleiches wird ungleich behandelt oder Ungleiches gleich. In der Regel beginnt das Problem schon damit, dass wir auf keine wirklich gleichen Lebewesen stoßen. Aber woran erkennt man, *wie* ungleich sie zu behandeln sind, damit es alle für »gerecht« halten? Ungerechtigkeiten lassen sich an jeder Ecke beobachten, aber wer »Gerechtigkeit« fordert, verlangt unerbittlich etwas, was es überhaupt nicht zu geben scheint – zumindest nicht für Menschen erkennbar.

4.2.2 Wunschdenken und mangelnde Einsatzbereitschaft

»Ich will so geliebt werden, wie ich bin.«
Tja. Das wäre ein wirklicher Zufall. Dazu müsste man auf jemanden mit einem ganz besonderen Geschmack treffen. Dennoch ist dieses Ansinnen ein beliebtes GFT-Konzept – häufig bei Menschen, die bisher lernten, dass sie etwas »ganz Besonderes« sind, liebenswert und unerreicht. Sie selbst stellen dann allerdings allerlei Ansprüche an andere, wenn die ihre Zuneigung begehren. Na ja, wo sie doch selbst so einmalig sind …

Gegenargumente. Die »bedingungslose« Liebe geistert noch in den Köpfen vieler herum, die etwas wollen, ohne dafür selbst etwas »liefern« zu müssen. Auf Dauer ist das höchst unrealistisch. Überlegen Sie selbst einmal, wen Sie »bedingungslos« lieben (außer vielleicht sich selbst). Aber auch das ist unwahrscheinlich, denn bedingungslos bedeutet, unter allen Umständen, – egal, wie sich jemand verhält, was er oder sie denkt oder an Zielen verfolgt. Vermutlich fällt Ihnen da niemand ein. Und weshalb sollten das andere anders sehen?

»Ich habe verdient, dass es mir gut geht.«
Wer so etwas denkt, hat nicht nur von sich selbst eine hohe Meinung, sondern erwartet auch, dass dies Einfluss auf andere und das Schicksal hat, denn die müssten ja nun entsprechend spuren.
Gegenargumente. Interessant zu wissen wäre zunächst, wodurch jemand meint, es »verdient« zu haben. Das Wort »verdienen« suggeriert, dass dafür bereits eine Leistung erbracht wurde. Aber hallo: doch nicht bei jemandem mit GFT! Wunschdenker erwarten, dass es ihnen gut geht, weil sie eben sie selbst sind. ... Na, wenn das nicht genug Gegenleistung ist!

»Das Leben soll immer einfach und angenehm sein.«
Das ist ein klassisches GFT-Konzept. Andere Varianten sind »Richtet euch nach mir und habt mich dafür lieb!« oder »Das ganze Leben ist eine Party und ich darf mir das Programm wünschen.« Wir stoßen hier auf Wunschdenken in seiner reinsten Form.
Gegenargumente. Wünschen darf man sich alles. Nur sollte man nicht erwarten, dass derart unrealistische Hoffnungen auch erfüllt werden. Wer erwartet, dass es im Leben keinen Mangel, Verlust oder Verzicht gibt, keine Krankheiten und Bedrohungen, lebt an der Realität vorbei. Selbst wer so etwas ausschließlich für sich selbst fordert (sollen die andern doch sehen, wo sie bleiben), hat es schwer, logisch zu begründen, weshalb das gerade für einen selbst gelten sollte. Was ist man denn *so* Besonderes?

»Etwas Zufriedenheit ist doch nicht zu viel verlangt!«
Auch hier möchte jemand einen Kuchen genießen, ohne ihn vorher zu backen. Die Jagd nach Zufriedenheit und Freude ist seit jeher ein treibendes Motiv, die Menschen dazu bewegt, aktiv zu werden. Wunschdenker erwarten das ohne eigenes Zutun.
Gegenargumente. Wir wissen, dass Gefühle durch das Bewerten von Situationen, Personen und Tätigkeiten entstehen. Wer sich freuen will, muss demzufolge etwas »gut« oder »toll« finden. Ob etwas positiv für jemanden ist, lässt sich nur anhand der jeweils verfolgten Ziele entscheiden. Wenn ich Zufriedenheit ohne eigenes Zutun verlange, erwarte ich von anderen oder dem Schick-

sal, dass die *meine* Ziele verfolgen. Aber weshalb sollten sie??? Ich selbst würde es doch auch nicht tun.

Zufriedenheit erreiche ich, wenn ich erfolgreich eigene Ziele verfolge. Aber dazu gehört Einsatzbereitschaft.

4.2.3 Kurzfrist-Hedonismus und Null-Verzicht-Denken

»Hauptsache, es geht mir *jetzt* gut!«
Dieses klassische Vermeidungs-Argument von Kurzfrist-Hedonisten ist grundsätzlich unproblematisch. Wer möchte schon, dass es einem schlecht geht? Kurzfrist-Hedonisten mögen allerdings nicht auf die erkennbaren Konsequenzen des »Genuss jetzt«-Verhaltens schauen. Das würde einem ja den ganzen Spaß verderben!
Gegenargumente. Menschen mit GFT leiden nicht unter den kurzfristigen Konsequenzen ihres Vermeidungsverhaltens, sondern unter den langfristigen. Es geht also nicht um die *momentan* günstigste Lösung, die *momentan* erträglichste, bequemste oder schönste. *Das* kennen wir ja schon vom alten GFT-Konzept. Wir suchen nach einem alternativen Konzept, das unsere Lebensqualität und unser Wohlbefinden *langfristig* maximiert und die negativen Konsequenzen des alten Konzepts vermeidet – auch wenn das kurzfristig bedeutet, dafür etwas Lästiges, Unbequemes tun zu müssen.

Wer mit dem Preis für kurzfristig hedonistisches Verhalten kein Problem hat: super. So jemand hat keine GFT, denn man wäre ja bereit, den Preis für einen kurzfristigen Genuss zu zahlen. Alle anderen sollten die langfristigen Konsequenzen ihres Verhaltens berücksichtigen, um später keine unangenehme Überraschung zu erleiden.

Wer gern häufiger einen Grund zur Zufriedenheit haben will, sollte prüfen, ob das momentane Verhalten den eigenen langfristigen Zielen dient. Dabei kann sich zeigen, dass es oft durchaus sinnvoll ist, auf momentanen Genuss zu verzichten, um z. B. mit lästigem Energieaufwand *jetzt* die künftige Lebensfreude zu maximieren.

»Ich will nicht verzichten!«
Selbstredend, dass sich dieses Fordern ausschließlich auf positive Aspekte bezieht. Auch diese Nimmersatt-Haltung ist ein typisches GFT-Konzept. Nun ja, wer verzichtet schon gerne? Aber wie wäre das zu verhindern? Das Lästige bei »Entweder-oder-Entscheidungen« ist ja, dass beides nicht zusammen zu haben ist.
Gegenargumente. Selbst wenn theoretisch alles nacheinander oder gemeinsam zu verwirklichen wäre, gibt es doch räumliche, ökonomische und zeitliche Grenzen – sei es die Größe des Magens, die eigenen finanziellen Ressourcen oder die verfügbare Lebenszeit. Im günstigen Fall kann man zwischen positiv empfundenen Möglichkeiten wählen. Aber jeder Entscheid für etwas beinhaltet gleichzeitig, zu diesem Zeitpunkt auch auf alle anderen Optionen zu verzichten. Meist ist die gewählte Alternative dann noch nicht einmal »umsonst« zu haben und erfordert Einsatzbereitschaft.

»Ich will die optimale Lösung!«
Das ist nachvollziehbar. Jeder hätte die gern. Aber was ist damit gemeint: kurz- oder langfristig optimal? Optimal in Bezug auf was? Geübte GFT-Vertreter haben dazu eine klare Haltung: Sie wollen die Lösung, die sowohl lang- als auch kurzfristig optimal ist, eine die die Vorteile aller Alternativen in sich vereint und die dafür keine Nachteile mit sich bringt. Und selbstverständlich muss man so eine Lösung *nie* bereuen: Sie ist und bleibt die optimale.
Gegenargumente. Haben Sie schon einmal von einer solchen Lösung gehört? Sie haben recht: Das wird wohl nichts. So etwas ist aus verschiedenen Gründen unmöglich. Die am einfachsten zu erkennenden sind:
- Vieles davon ist unvereinbar und lässt sich nicht unter einen Hut bringen;
- ob eine Lösung optimal ist, lässt sich häufig erst im Nachhinein erkennen;
- selbst etwas das heute optimal ist, muss es das nicht dauerhaft bleiben und

- selbst eine momentan optimal erscheinende Lösung enthält Nachteile.
- Und zudem: Alles hat seinen Preis – auch die optimale Lösung.

4.3 Beispiele für das Prüfen von GFT-Konzepten

Wenn wir jetzt daran gehen, unsere GFT-Konzepte auf Angemessenheit zu prüfen, dann tun wir dies ausschließlich hinsichtlich der persönlichen Ziele. Und wir wägen ab, was bedeutsamer sein soll: kurzfristig Entlastung durch das GFT-Verhalten einzufahren oder mit Aufwand dessen langfristig negative Konsequenzen zu verhindern.

Fazit

Ob ein Denkmuster angemessen ist, prüft man anhand der sechs Prüfkriterien.

Betrachten wir an drei Beispielen, wie GFT-Konzepte mit den oben beschriebenen Checks zu prüfen sind. Dazu nutzen wir die zuvor erarbeiteten Bewertungssysteme aus Kapitel 3.

Beispiel • Frau Hauptmann prüft ihr GFT-Konzept

Frau Hauptmann möchte ihr in Abschnitt 4.2.3 rekonstruiertes Bewertungssystem auf Angemessenheit prüfen. Es sah so aus:

Situation A	Die Kollegin sagt: »Guten Morgen. Du, ich geh' ja jetzt für zwei Wochen in den Urlaub. Der Chef meint, dass du in der Zeit einige meiner Klientenakten betreuen sollst. Kann ich dich da kurz einweisen?«
Persönliche Sichtweise B1	»Wenn ich jetzt auch noch ihre Klienten betreuen soll, ist das mehr Arbeit für mich. Man darf keine zusätzliche Belastung von mir fordern. Ich werde dafür nicht extra bezahlt. Das ist ungerecht!«

Schlussfolgerungen und vermutete persönliche Konsequenzen B2	»Die sollen mich gefälligst nicht mit weiterer Arbeit belasten! Ich sollte nicht ungerecht behandelt werden!«
Bewertung B3	»So eine Sauerei!«
Gefühl C1	Wut (Ärger 10) mit Erröten und Herzklopfen
Verhalten C2	Ich schreie: »Das gibt's doch wohl nicht! Soll ich jetzt etwa bei meinem mickrigen Gehalt auch noch für zwei arbeiten? Das ist ja die reinste Ausbeutung!«

Frau Hauptmann prüft nun die einzelnen Teile ihres Bewertungssystems:

B1 prüfen. »Der erste Satz meiner *persönlichen Sichtweise* lautet: ›Wenn ich jetzt auch noch ihre Klienten betreuen soll, ist das mehr Arbeit für mich.‹ Hier mache ich einen Realitäts-Check und frage mich ›Wie realistisch ist das?‹ … Ja, das wird wohl so sein. Das ist realistisch.

Nun prüfe ich den zweiten Satz: ›Man darf keine zusätzliche Belastung von mir fordern.‹ Na ja, es stimmt zwar, dass ich nicht zusätzlich belastet werden möchte (Realitäts-Check), aber wieso bedeutet das, dass sie mich deswegen nicht dazu auffordern dürfen (Logik-Check)? Die verfolgen ihre Ziele, ich meine. Besser, ich prüfe, was wirklich meinen langfristigen Zielen dient (Ziel-Check). Vertraglich gesehen dürfen die das fordern (Realitäts-Check). Wenn ich mich weigere, wird das vermutlich negative Konsequenzen für mich haben. Wahrscheinlich werden sie mich nach der Probezeit nicht übernehmen und ich muss schon wieder etwas Neues suchen. Und bei der nächsten Stelle wird es auch so sein. Dadurch wäre also nichts gewonnen (Ziel-Check). Wenn ich in den Urlaub gehe, möchte ich auch nicht, dass die Kolleginnen alles liegen lassen und ich meinen Schreibtisch überquellen sehe, wenn ich zurückkomme (Moral-Check). Jetzt erwartet die das von mir. Das ist mir zwar lästig, aber ich finde das inhaltlich legitim. Unterm Strich fahre ich besser damit, wenn ich das tue. Es ist das kleinere Übel (Lebenszufriedenheits-Check), als wieder aufwändig nach etwas suchen zu müssen, was es vermutlich woanders auch nicht gibt. Also: Die dürfen das von mir erwarten.

Jetzt zu Satz drei: ›Ich werde dafür auch nicht extra bezahlt‹ … Realitäts-Check: Ja, das stimmt, dafür werde ich nicht zusätzlich bezahlt.

Jetzt prüfe ich noch den letzten Satz: ›Das ist ungerecht!‹ … Na ja, in diesem Fall wünschte ich mir schon Gerechtigkeit – was die Bezahlung angeht (Realitäts-Check). Aber wenn ich das für ungerecht halte, wieso habe ich denn so etwas im Vertrag unterschrieben (Ziel-Check)? Damals war mir die Stelle wichtiger als das Fordern nach *gerechter* zusätzlicher Bezahlung. Sehe ich das heute anders (Ziel-Check)? … Nein, das habe ich ja schon herausgefunden: Unterm Strich fahre ich besser damit, wenn ich das akzeptiere. Es ist das kleinere Übel (Lebenszufriedenheits-Check), als wieder aufwändig nach etwas suchen zu müssen, was es vermutlich woanders auch nicht gibt.

Andererseits habe ich ja auch schon die Hilfe meiner Kolleginnen angenommen, als ich krank oder im Urlaub war. Da wäre es ja gerecht, das jetzt auch für sie zu machen (Logik- und Moral-Check). Aber will ich denn wirklich *immer* gerecht behandelt werden (Realitäts-Check)? Habe ich nicht schon oft genug Leute getroffen, mit denen ich auf gar keinen Fall hätte tauschen mögen? Und von dem, was die erleiden müssen und ich zum Glück nicht, will ich nun meinen *gerechten* Anteil abhaben? Wohl kaum. Wenn ich ehrlich bin, fordere ich immer nur dann nach Gerechtigkeit, wenn ich einen Vorteil dadurch hätte. Und wenn ich es genau betrachte: Wenn ich dann tatsächlich bekäme, was ich fordere, wäre das total ungerecht (Logik-Check), denn was ich da fordere, ist nicht wirklich *Ge-*

rechtigkeit, sondern einfach nur der Anspruch, ausschließlich an allen Vorteilen teilzuhaben.«

B2 prüfen. »Ich prüfe jetzt den ersten Satz meiner *Schlussfolgerungen und vermuteten persönlichen Konsequenzen*: ›Die sollen mich gefälligst nicht mit weiterer Arbeit belasten!‹ Was ich da fordere ist, dass die sich gefälligst nach meinen statt nach ihren eigenen Zielen verhalten sollen (Realitäts-Check). Wenn die das täten, wäre das ziemlich unsinnig für *ihre* Ziele (Ziel-Check). Das würde ich an ihrer Stelle auch nicht tun. Deswegen sollte ich so etwas nicht von anderen fordern (Moral-Check).

Nun zum zweiten Satz: ›Ich sollte gerecht behandelt werden!‹ … Selbst wenn es ungerecht ist (Realitäts-Check), wo ist das Problem? Nach dem, was ich eben herausgefunden habe, will ich doch selbst gar nicht immer Gerechtigkeit. Ich sollte aufhören, sie nur dann zu fordern, wenn es *mir* nützt, denn das wäre auch total ungerecht (Moral-Check).«

B3 prüfen. »So, was hat das also für mich zu bedeuten, wenn die Kollegin mir das sagt? Wie finde ich das für meine Ziele? … Nun, nachdem was ich beim Prüfen von B1 und B2 herausgefunden habe, ist es nur normal für sie, mir das zu sagen (Ziel-Check). Es ist auch keine Sauerei, wenn sie damit ihre eigenen Ziele verfolgt, ich tue das ja auch (Moral-Check). Es wäre allenfalls *lästig* oder *schade*, wenn ihre Ziele nicht mit meinen übereinstimmen … In diesem Fall will ich es einfach nur lästig finden. Es ist okay, aber die Auswirkungen sind lästig.«

Die hier von Frau Hauptmann geprüften Wahrheits- und Gerechtigkeitskonzepte sind typisch für Forderer.

Beispiel • Frau Prokrastl prüft ihr GFT-Konzept

Frau Prokrastl findet es blöd, was andere so alles Lästige von ihr fordern. Nun will sie herausfinden, was an ihrem Denken unangemessen ist. Ihr Bewertungssystem sieht so aus:

Situation A	Mittwoch, 15:20 Uhr, ich sitze in der Küche und schaue auf meinen leeren Kaffeebecher.
Persönliche Sichtweise B1	»Wenn man schon Steuern zahlen muss, sollte das einfacher sein. Steuererklärungen sind lästig. Wenn man sie nicht rechtzeitig abgibt, wird's teuer. Mein Leben sollte entspannt und angenehm sein.«
Schlussfolgerungen und vermutete persönliche Konsequenzen B2	»Die sollten mir das Leben nicht so schwer machen, das habe ich nicht verdient.«
Bewertung B3	»Das finde ich blöd.«
Gefühl C1	Unzufriedenheit (Ärger 2), körperliche Begleitreaktion: keine bemerkt
Verhalten C2	Ich schenke mir noch einen Kaffee ein und löse das Kreuzworträtsel in der Zeitung.

B1 prüfen. »Schau ich mir doch zunächst meinen ersten Satz an: ›Wenn man schon Steuern zahlen muss, sollte das einfacher sein.‹ … Tja, das ist wohl reines Wunschdenken… und es ist ein »Könnerziel« (s. Abschnitt 5.1.2) (Ziel-Check), denn ob es einfach ist, hängt auch davon ab, wie oft man es übt. Der zweite Satz ›Wenn man sie nicht rechtzeitig abgibt, wird's teuer.‹ ist richtig (Realitäts-Check). Nun der letzte Satz: ›Mein Leben sollte entspannt und angenehm sein.‹ … Tja, das ist nun reines Wunschdenken (Realitäts-Check). Darauf werde ich wohl lange warten müssen. Aber es ist ja keine notwendige Voraussetzung, um mit der Arbeit zu beginnen (Logik-Check). Man kann ja auch etwas tun, was keinen Spaß macht (Realitäts-Check). Und das wäre in diesem Fall sicherlich besser, um nicht zu viel zu zahlen (Ziel-Check). Und wenn's mir möglichst bald besser gehen soll, sollte ich jetzt damit anfangen (Lebenszufriedenheits-Check).«

B2 prüfen. »Nach dem, was ich eben bei meiner persönlichen Sichtweise geändert habe, kann ich meine Schlussfolgerung ›Die sollten mir das Leben nicht so schwer machen, das habe ich nicht verdient.‹ so nicht mehr stehen lassen (Logik-Check). Die Regel gilt nicht nur für mich, sondern für alle. Es ist also keine Strafe gegen mich persönlich (Normen-Check). Aber wieso hätte ich das nicht *verdient*? ... Noch schwieriger ist es aber, mir einzugestehen, dass ich nicht begründen kann, weshalb und womit ich ein leichtes, angenehmes Leben *verdient* habe. (Logik-Check)«

B3 prüfen. »›Das finde ich blöd.‹ ... Ja, blöd finde ich es schon, dass ich mich damit auseinandersetzen muss, wenn ich keine negativen Konsequenzen erleiden will. Ich lasse meine Bewertung so stehen.«

Das Unangemessene an Frau Prokrastls GFT-Muster ist hier nicht die Gefühlsreaktion. Man darf auch unzufrieden sein, wenn einem etwas nicht gefällt. Schädlich ist ihre GFT-Verhaltensregel, die sie daraus ableitet: »Wenn du etwas nicht magst, dann lass es sein!« Das emotionale Problem ihres GFT-Mottos kommt erst zum Tragen, wenn die Konsequenzen ihres Vermeidungsverhaltens eintreten.

Beispiel • Herr Zauder prüft sein GFT-Konzept

Herr Zauder möchte nun endlich wissen, was an seinem GFT-Konzept unangemessen ist. Dazu schnappt er sich das Blatt, auf das er sein »von unten« erarbeitetes ABC-Modell geschrieben hat. Bevor er seine einzelnen Gedanken prüft, liest er sich zunächst nochmals das ABC-Modell durch:

Situation A	Der Verkäufer fragt: »Na, soll's das Modell sein?«

Persönliche Sichtweise B1	»Man kann nur mit der optimalen Lösung zufrieden sein. Bei allen anderen muss man auf irgendetwas verzichten. Ich will nicht verzichten. Wenn ich nicht das Beste habe, kann ich in diesem Gerät immer nur den Makel sehen. Und im Internet gibt es dieses Gerät vielleicht noch günstiger.«
Schlussfolgerungen und vermutete persönliche Konsequenzen B2	»Wenn ich mich jetzt falsch entscheide, werde ich das ewig bereuen. Ich hätte dann keine Freude mehr an diesem Gerät.«
Bewertung B3	»Das wäre furchtbar.«
Gefühl C1	Angst (7) mit innerer Unruhe, Herzrasen und Schweißausbruch
Verhalten C2	Ich antworte: »Nee, heute nicht«, und laufe aus dem Laden.

Verfolgen wir nun, wie Herr Zauder sein Denkmuster prüft:

B1 prüfen. »So, der erste Satz meiner *persönlichen Sichtweise* lautet: ›Man kann nur mit der optimalen Lösung zufrieden sein.‹ Realitäts-Check: ›Stimmt das?‹... Das ist Quatsch. Ich kenne unendlich viele, die auch mit weniger zufrieden sind. Also schreibe ich statt *wir* besser *ich*... Aber selbst dann... ich war doch schon öfter in meinem Leben mit Semi-Optimalem zufrieden, zum Beispiel, als ich mit Ach und Krach das Abi schaffte.

Nun zum zweiten Satz: ›Bei allen anderen muss man auf irgendetwas verzichten.‹ Realitäts-Check: Ja, das stimmt. ...Aber gilt das nicht für jedes Entscheiden? Wenn ich mich für eine Alternative entscheide, muss ich automatisch auf die Vorteile aller anderen verzichten. Nun zu: ›Ich will nicht verzichten.‹ Realitäts-Check: Ja, das stimmt. Das will ich nicht. Aber realistisch ist das nicht, denn ich muss immer verzichten. Ob ich die optimale Alternative erwischt habe, weiß ich doch sowieso nicht. Das stellt sich doch allenfalls im Nachhinein heraus.

Jetzt zu: ›Wenn ich nicht das Beste habe, kann ich in diesem Gerät immer nur den Makel sehen‹ Logik-Check: …Hm, logisch ist das nicht, denn man könnte auch das sehen, was ich positiv finde. Ziel-Check: Wozu wäre es sinnvoll, sich ausschließlich auf das Negative zu konzentrieren? … Dazu fällt mir kein überzeugender Grund ein. Besser ich mache hier auch noch den Lebenszufriedenheits-Check: Geht es mir langfristig gut damit?... Nein, im Gegenteil, ich bin dann nur unzufrieden und kann dann nicht einmal mehr die positiven Aspekte genießen.

Jetzt der letzte Satz: ›Und im Internet gibt es dieses Gerät vielleicht auch noch etwas günstiger‹… Realitäts-Check: Ja, das kann natürlich sein. Aber war es denn wirklich das, worauf es mir ankam? Nein, auch das ist Blödsinn, denn ich habe zuhause ja noch nicht einmal im Internet nachgeschaut. Logik-Check: Ist die Erklärung logisch? … Nein, das war nur ein Scheinargument, um mich jetzt nicht entscheiden zu müssen. Wenn ich hier wirklich nur den Preis checken wollte, wäre ich nicht so ängstlich gewesen. Ich hätt's getan und fertig. Ich hätte es dann hier oder da gekauft, da wäre kein Grund zur Aufregung. … Und nächste Woche gibt's das Gerät sicherlich ohnehin wieder irgendwo günstiger. Vielleicht gibt's dann aber auch schon wieder neue, bessere Modelle. Ziel-Check: Auf diese Weise komme ich nicht weiter, ich kann das immer nur für den Moment entscheiden.«

B2 prüfen. »Jetzt zu meinen *Schlussfolgerungen und vermuteten persönlichen Konsequenzen*: ›Wenn ich mich jetzt falsch entscheide, werde ich das ewig bereuen.‹ Realitäts-Check: … Das ist dann doch ziemlich übertrieben. Ich habe mich schon so oft falsch entschieden und das meiste erinnere ich heute gar nicht mehr. Ziel-Check: Zudem weiß ich ja noch nicht einmal, woran ich festmachen kann, wann es *falsch* ist. Moral-Check: Es gäbe auch keinen Grund, so etwas zu bereuen, denn dadurch wird es ja nicht besser. Ich wäre vielleicht im ersten Moment enttäuscht, aber ich habe hier nichts verbockt, was zu diesem Zeitpunkt in meiner Macht steht. Daher gibt es auch keinen Anlass, etwas zu *bereuen*.

B3 prüfen. »Hier prüfe ich, was das für mich bedeuten soll, also: ›Wie finde ich das im Hinblick auf meine Ziele?‹... Hedonismus-Check: Hm, ›Das wäre furchtbar‹ ist ziemlich übertrieben. Das wäre allenfalls *lästig* oder *schade*... Ich glaube, sinnvoll wäre es, es einfach nur *schade* zu finden. Mit ›furchtbar‹ gebe ich dem eine viel zu große Bedeutung und es geht mir unnötig schlecht damit.

Und jetzt Sie!

Bitte beantworten Sie die nachstehenden Fragen schriftlich.

Aufgabe 33: Wie lassen sich eigene Denkweisen auf Angemessenheit prüfen?

Aufgabe 34: Was ist Voraussetzung, um eigene Konzepte und Handlungsweisen auf Angemessenheit prüfen zu können? Weshalb ist das so?

Aufgabe 35: Beschreiben Sie sechs Möglichkeiten zum Prüfen von Denkmustern. Was prüfen die einzelnen Checks?

Aufgabe 36: Wozu macht man einen »Realitäts-Check«? Was wird geprüft? Welche Kontrollfragen können wir verwenden?

Aufgabe 37: Wozu macht man einen »Logik-Check«? Was wird geprüft? Welche Kontrollfragen können wir verwenden?

Aufgabe 38: Wozu macht man einen »Moral-Check«? Was wird geprüft? Welche Kontrollfragen können wir verwenden?

Aufgabe 39: Wozu macht man einen »Ziel-Check«? Was wird geprüft? Welche Kontrollfragen können wir verwenden?

Aufgabe 40: Wozu macht man einen »Lebenszufriedenheits-

Check«? Was wird geprüft? Welche Kontrollfragen können wir verwenden?

Aufgabe 41: Wie funktioniert der »Innere Logik-Check« von Denkmustern? Beschreiben Sie den Ablauf und geben Sie ein Beispiel.

Aufgabe 42: Was ist unsinnig am »Mein Wille geschehe!«-Fordern?

Aufgabe 43: Was spricht gegen das Fordern nach Gerechtigkeit?

Aufgabe 44: Weshalb ist es unsinnig, das objektiv Wahre oder Richtige zu verlangen?

Aufgabe 45: Führen Sie einige Beispiele für Wunschdenken an und begründen Sie, was daran unsinnig ist.

Aufgabe 46: Führen Sie ein Beispiel für Null-Verzicht-Denken an und begründen Sie, was daran unsinnig ist.

Aufgabe 47: Was ist Kurzfrist-Hedonismus und was ist daran so schädlich? Geben Sie ein Beispiel.

Aufgabe 48: Erarbeiten Sie nun die für Ihre Problematik wichtigen Kontrollfragen zum Prüfen Ihrer B1, B2 und B3 und lernen Sie diese auswendig, damit Sie sie künftig jederzeit zum Prüfen Ihrer Denkmuster parat haben.

Aufgabe 49: Prüfen Sie Ihre zuvor in ABCs aufgeschriebenen GFT-Konzepte auf Angemessenheit. Benutzen Sie dazu die sechs Prüfmöglichkeiten und die zuvor von Ihnen notierten, für Ihre Problematik wichtigen Prüffragen.

5 Das Verändern: schädliche GFT-Konzepte durch gesunde ersetzen

5.1 Die Voraussetzungen für Veränderungen schaffen

Neue, angemessene langfristige Ziele aufstellen

Allein die Erkenntnis, dass man gerade etwas selbst verbockt hat, hilft nicht weiter. Sie führt zwar zu einem realistischen Verantwortungszuweisen, aber ob man jetzt etwas verändert, hängt davon ab, ob man überhaupt eine Alternative kennt.

Das Drehbuch. Wie bei allen anderen Handlungsplänen und Reaktionsmustern gilt auch hier: Man kann sich nur so verhalten, wie man es sich zumindest in der Fantasie vorstellen kann. Das ist so wie bei einem Schauspieler auf der Bühne: Hat der sein Drehbuch nicht im Kopf, weiß er nicht, was er tun soll. Auch wir benötigen so ein Drehbuch, d. h. eine Vorstellung davon, was wir tun müssen, um an unser Ziel zu kommen. Wer für einen bestimmten Veränderungswunsch kein Drehbuch besitzt, hat auch keine Handlungsanweisung für sich selbst parat und steht dann hilflos da.

Wer sich gerade in einer unerwünschten Situation befindet, hat vielleicht als erste Reaktion den Wunsch: »Bloß weg hier!« oder »Bloß das nicht!« Solche Gedanken bleiben allerdings so lange im Bereich des Wunschdenkens, wie man nicht weiß, wohin man stattdessen möchte und wie man das anstellen will. Zum erfolgreichen Verändern der Situation benötigt man also zunächst ein Ziel und danach einen Plan, wie man dieses Ziel erreichen kann. Betrachten wir dies genauer.

(1) Ziele aufstellen

Wenn es darum geht, Ziele aufzustellen, um einen unerwünschten Zustand zu verändern, geht es damit für jemanden mit GFT gleich ans »Eingemachte«. Besonders Vermeider haben so etwas bisher

gezielt vermieden, um die damit verbundenen Unannehmlichkeiten zu umgehen, die in erster Linie im Verlust der kurzfristigen Krankheitsgewinne (s. Abschn. 1.3) bestehen, z. B.:
»Wer keine Ziele hat, muss auch nicht damit anfangen« oder
»Wer keine Ziele hat, kann auch nichts falsch machen und deswegen lästige Konsequenzen ertragen müssen«.

Ziele als Maßstab für Erfolg und Misserfolg. Andererseits: Wer kein Ziel hat, weiß auch nicht, wozu er morgens aufstehen soll. So jemand hat dann gleichzeitig auch keine Möglichkeit, jemals etwas richtig zu machen, jemals mit irgendetwas Erfolg zu haben, denn das setzt notwendigerweise ein Ziel voraus.

Betrachten wir das an einem simplen Beispiel: Man kann an keiner Kreuzung der Welt falsch abbiegen. Allerdings kann man es auch nicht richtig tun, denn »richtig« und »falsch« setzen voraus, dass es einen Maßstab gibt, woran man »richtig« und »falsch« erkennen kann. Solche Maßstäbe liefern unsere jeweiligen Ziele. Erst wenn wir das Ziel der abbiegenden Person kennen, können wir beurteilen, ob sie die richtige oder falsche Möglichkeit wählt.

Sinnvolle und unsinnige Ziele. Aber nicht jedes Ziel hilft wirklich weiter, manche führen sogar noch tiefer in die Misere. Um beim Ziele-Aufstellen nicht vom Regen in die Traufe zu geraten, sollten wir die Regeln befolgen, die sinnvolle Ziele auszeichnen: Sie sind prinzipiell aus eigener Kraft erreichbar, widersprechen sich nicht gegenseitig und verletzen nicht die eigenen moralischen, politischen oder religiösen Überzeugungen.

Folgende Beispiele erfüllen diese Kriterien nicht und sind demzufolge unsinnig:

- Ich will gesund bleiben und hundert Jahre alt werden.
- Ich will in einer vertrauensvollen Beziehung leben und völlig unabhängig sein, immer das tun und lassen, wonach mir gerade der Sinn steht.
- Ein gläubiger Christ hält sich nur dann an die zehn Gebote, wenn das keine Nachteile mit sich bringt.

(2) Zielpläne

Um ein Ziel zu erreichen, braucht man eine Vorstellung davon, wie dies geschehen soll, sonst wird das nichts. So ein Drehbuch oder Zielplan ist allerdings nicht allein deswegen sinnvoll, schlüssig oder realistisch, *weil* wir es oder ihn aufgestellt haben. Nicht alle Zielpläne führen auch zum gewünschten Ziel. Wenn jemand beispielsweise das Ziel verfolgt, in der Fußball-Nationalmannschaft mitzuspielen, ist der Plan, dafür möglichst oft die Sportschau zu sehen, sicherlich nicht hinreichend.

Die Qualität eines Zielplans sollte also vorher zum einen mit den Qualitätskriterien geprüft werden, die wir bereits für die Qualität von Zielen aufgestellt haben, zum anderen sollte gewährleistet sein, dass die einzelnen geplanten Aktivitäten auch tatsächlich die Wahrscheinlichkeit erhöhen, das aufgestellte Ziel zu erreichen.

Etappenziele. Wir stellten schon fest, dass Menschen mit GFT gut daran tun, von kurzfristigen zu langfristigen Zielplänen überzugehen und statt auf die momentane Erleichterung auf das langfristige Maximieren ihrer Lebensqualität hinzuarbeiten. Wer langfristige Ziele verfolgt, ist gut beraten, sein Vorhaben in überschaubare Schritte zu gliedern. Solche Etappenziele beschreiben Tages-, Wochen-, Monats- und Jahrespläne und – das ist die unbedingte Qualitätsanforderung – sie führen ohne Umwege zum langfristigen Ober- oder Lebensziel.

Den Sinn von Etappenzielen mag folgendes Beispiel verdeutlichen: Wer zu Fuß von Kiel nach Palermo möchte, wird sich sinnvollerweise nicht nur »Palermo« auf seinen Zielplan schreiben, sondern auch die einzelnen Etappenziele notieren, die ihn auf der idealen Route dorthin führen. Wer sich realistische Tagesziele vornimmt, kann bis zum Endziel viele Etappenziele erfolgreich bewältigen und sich dann viele Male selbstzufrieden auf die Schulter klopfen. Wer nur das Endziel plant, hat womöglich keine klare Vorstellung von der sinnvollen Strecke, verläuft sich, macht unnötige Umwege und hat – falls er das Ziel denn doch irgendwann erreicht – nur einmal Erfolg: am Ende. Bei so vielen vorangegangenen Misserfolgstagen hätte jemand mit GFT schon lange davor frustriert aufgegeben.

Fazit

Ohne Ziele gibt es keine Erfolgschance und keinen Maßstab für »richtig« und »falsch«.

Ziele sollen aus eigener Kraft zu erreichen sein, sich nicht gegenseitig widersprechen und nicht gegen die eigenen Grundeinstellungen verstoßen.

Um Ziele erreichen zu können, braucht man einen Zielplan, der die Etappenziele in Form von Jahres-, Monats-, Wochen- und Tageszielen beschreibt, die alle auf die Ober- oder Lebensziele ausgerichtet sind.

5.1.1 Veränderungsziele erstellen

Befassen wir uns nun damit, wie man für eigene unangemessene GFT-Konzepte neue »gesunde« Ziele aufstellt. »Gesund« sind Denkweisen, wenn sie die Prüfkriterien für angemessenes Denken erfüllen (s. Abschn. 4.1) und wenn sie die unnötigen langfristig negativen Konsequenzen unserer GFT-Denk- und Verhaltensweisen vermeiden.

Wir stellen dazu sowohl emotionale Ziele als auch Verhaltensziele auf, denn die langfristig negativen Konsequenzen müssen wir ja auch auf beiden Ebenen ausbaden: auf der emotionalen Ebene all die negativen Effekte, die unser GFT-Denken dort anrichtet und auf der Verhaltensebene zusätzlich all die Konsequenzen, die wir uns mit unserem Vermeidungsverhalten einbrocken.

Im ABC-Modell haben wir unser Reagieren auf eine konkrete Situation in die Gefühlsreaktion (C1) und die Verhaltensreaktion (C2) unterschieden. Ebenso erstellen wir nun auch für unsere Ziele sowohl ein Zielgefühl (Z1) als auch ein Zielverhalten (Z2). Inhaltlich bedeuten beide Folgendes:

Das Zielgefühl beschreibt die emotionale Reaktion, die wir künftig für die Situation (A) unter Berücksichtigen der eigenen Normen und langfristigen Ziele für angemessen halten.
Das Zielverhalten beschreibt, wie wir uns künftig in der Situation (A) unter Berücksichtigen der eigenen Normen und langfristigen Ziele verhalten wollen.

Dieses ABCZ-Modell finden Sie im **AB 6**.

5.1.2 Veränderungsziele auf Angemessenheit prüfen

Da die eigenen Ziele als Maßstab dafür dienen, unsere GFT-Konzepte auf Angemessenheit zu prüfen, stellen wir zunächst sicher, dass sie nicht selbst untauglich oder unsinnig sind. Denn was anhand eines unangemessenen Maßstabs entschieden wird, kann unversehens in neue emotionale Turbulenzen führen anstatt sinnvolle Alternativen zu liefern. Bevor wir etwas »messen«, prüfen wir also zunächst, ob der Maßstab auch dazu taugt, d. h. wir achten darauf, dass unsere Ziele selbst angemessen und an unseren Oberzielen ausgerichtet sind.

Die Qualitätskriterien für sinnvolle Ziele kennen wir bereits. Für jemanden mit GFT sollten wir das Kriterium »prinzipiell aus eigener Kraft erreichbar« weiter konkretisieren: Auch erreichbare Ziele formulieren wir als Lernziel. Denn Menschen mit GFT haben ein Faible für »Könnerziele« und warten – ohne den lästigen Aufwand zu betreiben – passiv darauf, dass sie eintreten.

Definition • Lern- und Könnerziele

Lernziele geben an, was wir durch wiederholtes Training erlernen möchten. **Könnerziele** beschreiben, was wir erreichen möchten, ohne es lernen und den dafür nötigen Aufwand betreiben zu müssen.

Hier einige Beispiele für Könner- oder Wunschziele:

»Ich möchte tanzen *können*!« (Von Lernen war nicht die Rede!)

»Ich möchte auch so erfolgreich sein wie du!« (Aber bitte ohne diesen lästigen Aufwand.)

»Ich möchte auch Smalltalk beherrschen!« (Aber bitte ohne das mühsame Üben.)

Damit wir selbst keine unsinnigen Könnerziele aufstellen, achten wir darauf, dass wir unsere geplanten Veränderungen als Lern- und *Aktivitätsziele* formulieren. Lernziele beschreiben nicht nur, was wir erreichen möchten, sondern auch, was genau wir dafür mit welchem (z. B. wöchentlichen) Zeitaufwand tun wollen.

Erreichbarkeit und Kosten von Zielen. In unseren Zielplan gehören nur Veränderungen, die wir aus eigener Kraft, ohne das Zutun anderer, umsetzen und erreichen können. Ist das der Fall, überlegen wir als nächstes, welchen Aufwand dieses Ziel erfordert und dann, ob es uns diesen Aufwand wert ist.

- Wenn »ja«, erstellen wir hierzu ein Veränderungsprogramm, in dem wir genau festlegen, was wir in welcher Zeit erreichen möchten. Dazu legen wir realistische (!) Etappen- und Tagesziele fest.
- Wenn »nein«, halten wir uns künftig stets vor Augen, dass es so ist, wie es ist, weil wir eigenverantwortlich so entschieden haben. Dann gibt es keinen Grund zu klagen.

Haben wir keinen Einfluss auf das Ziel, ist es wie es ist: unveränderbar. Wir lernen dann, mit diesem Schicksal zu leben, ohne weiter darüber zu lamentieren.

Übersicht

»Kann ich das aus eigener Kraft erreichen?«

»Nein«	»Ja«	
Ich akzeptiere: Es ist, wie es ist.	»Bin ich bereit, das zu tun, was ich dafür tun muss?«	
	»Nein«	»Ja«
	Ich akzeptiere, dass es bleibt, wie es ist.	Ich erstelle meinen Zielplan und beginne damit.

Häufig sind GFT-Konzepte für unerreichbare, utopische Ziele verantwortlich. Solche Ziele haben ja den »Vorteil«, dass jeder versteht, wenn man damit gar nicht erst anfängt. Menschen mit GFT wissen so einen »Symptomgewinn« durchaus zu schätzen.

Widersprüche auflösen. Wer gleichzeitig widersprüchliche Ziele verfolgt, verhält sich selbstschädigend, denn je erfolgreicher man bei einem Ziel ist, umso mehr schädigt man gleichzeitig ein anderes.

Beispiele für widersprüchliche Ziele sind:

»Ich möchte in einer vertrauensvollen, fürsorglichen Beziehung leben und will immer völlig frei entscheiden und tun und lassen, was ich will.«

»Ich möchte noch ein Stück Sahnetorte« und »Ich möchte abnehmen«.

»Ich möchte morgen die Prüfung möglichst gut bestehen« und »Heute Abend feiert mein Kumpel Hochzeit. Da will ich unbedingt bis zum Ende dabei sein«.

Um das Problem von widersprüchlichen Zielen zu lösen, braucht man eine Rangreihe, die angibt, wie wichtig man jedes einzelne Ziel findet. Falls sich Ziele nicht gleichzeitig verfolgen lassen, weil sie sich gegenseitig widersprechen, verfolgen wir das uns wichtigere weiter und geben das weniger wichtige auf.

5.1.3 Beispiele für das Aufstellen und Prüfen von Veränderungszielen

Veränderungsziele aufstellen

Betrachten wir nun an den zuvor behandelten Fallbeispielen, wie sich Änderungsziele aufstellen und formulieren lassen. Dabei suchen wir die Antworten auf folgende Fragen:

Zielgefühl:	Welches Gefühl finde ich in der Situation (A) unter Berücksichtigen meiner Normen und Oberziele angemessen?
Zielverhalten:	Welches Verhalten finde ich in der Situation (A) unter Berücksichtigen meiner Normen und Oberziele angemessen?

Beispiel • Veränderungsziele aufstellen

Frau Hauptmann erstellt ihr Veränderungsziel

Frau Hauptmann hat sich folgende Ziele für die Situation gesetzt, als ihre Kollegin sagt: »Guten Morgen. Du, ich geh' ja jetzt für zwei Wochen in den Urlaub. Der Chef meint, dass du in der Zeit einige meiner Klientenakten betreuen sollst. Kann ich dich da kurz einweisen?«:

Zielgefühl:	Gelassenheit
Zielverhalten:	Ich antworte: »Lass mich bloß damit in Ruhe.«

Frau Prokrastl erstellt ihr Veränderungsziel

Frau Prokrastl möchte in der Situation »Ich sitze in der Küche und schaue auf meinen leeren Kaffeebecher« künftig so reagieren:

Zielgefühl: Unzufriedenheit (Ärger 2)

Zielverhalten: Ich mache schnell die Steuererklärung fertig.

Herr Zauder erstellt sein Veränderungsziel

Herr Zauder hat sich für seine typische Problemsituation *Der Verkäufer fragt: »Na, soll's das Modell sein?«* folgende alternative Reaktionen vorgenommen:

Zielgefühl: Ärger (5)

Zielverhalten: Ich sage: »Nun drängeln Sie nicht so.«

»Ja, … äh…«

Gut, dass Sie das gemerkt haben: Hier stimmt etwas nicht. Besser, wir prüfen, ob das wirklich angemessene Ziele sind, die auf die langfristigen Ziele der einzelnen Personen ausgerichtet sind, bevor jemand in die falsche Richtung marschiert.

Veränderungsziele prüfen

Frau Hauptmann, Frau Prokrastl und Herr Zauder prüfen, ob sie gegen eine oder mehrere der oben aufgeführten Anforderungen für sinnvolle Ziele verstoßen haben.

Beispiel • Veränderungsziele prüfen

Frau Hauptmann prüft ihr Veränderungsziel

Frau Hauptmann schaut auf ihre Veränderungsziele und denkt: »Als Zielgefühl habe ich *Gelassenheit* geschrieben. Aber soll mir das denn wirklich egal sein, dass ich nun auch noch einige *ihrer* Klienten mitbetreuen soll? (Sie prüft hier mithilfe der

Bewertung-Gefühls-Logik.) Nein, das ist mir nicht egal, selbst wenn ich zugestimmt habe, so etwas zu machen. Ich hätte es lieber anders und finde es schade, dass es nun so kommt… Genau: schade. Dazu passt das Gefühl *Trauer*. (Frau Hauptmann nutzt erneut die Bewertungs-Gefühl-Logik.) Mein Zielgefühl soll *Bedauern* sein, d. h. Trauer in der Stärke 2.

Jetzt mein Zielverhalten: Tja, das passt überhaupt nicht. Ich habe mir ja vorgenommen, mich kollegialer zu verhalten, um nicht gleich wieder Außenseiterin zu sein und gemobbt zu werden. Es wäre auch blöd, mir nicht zeigen zu lassen, um wen es geht und wo und wie sie ihre Unterlagen abgelegt hat. Damit schade ich mir nur selbst (Ziel-Check). Dass ich sie nicht gern vertrete, kann sie sich denken, denn wer tut so etwas schon gerne? Ich will lernen, verbindlich zu bleiben und sie soll mir so viel zeigen wie nötig, damit ich möglichst wenig Aufwand damit habe (Ziel-Check).«

Frau Hauptmann ändert ihre Ziele daher wie folgt:

Zielgefühl^{neu}:	Bedauern (Trauer 2)
Zielverhalten^{neu}:	Ich antworte: »Wie schön für dich! Ja, ein kurzes Einweisen ist sicherlich hilfreich. Hast du alles chronologisch abgelegt?«

Frau Prokrastl prüft ihr Veränderungsziel

Frau Prokrastl schaut auf ihre Ziele und denkt: »Unzufrieden war ich ja schon vorher, aber wegen unsinniger Ansprüche. Ich finde es aber weiterhin blöd, dass ich mich mit so einem Mist auseinandersetzen muss, um keine negativen Konsequenzen zu erleiden.

Mein Zielverhalten ist wohl etwas zu optimistisch geraten. Da betreibe ich wieder Wunschdenken. Keine Ahnung, ob ich es schaffe, die Steuererklärung schnell fertig zu bekommen. Das weiß ich erst im Nachhinein. Jetzt kann ich aber eines tun: damit anfangen, unabhängig davon, wie konzentriert, schnell oder erfolgreich ich es dann schaffe.«

Zielgefühl^{neu}: wie zuvor. Unzufriedenheit (Ärger 2)

Zielverhalten^{neu}: Ich setze mich an den Schreibtisch und beginne mit der Steuererklärung.

Herr Zauder prüft sein Veränderungsziel

Herr Zauder betrachtet seine Veränderungsziele und denkt: »Prüf' ich erst einmal das Zielgefühl: Hm, wieso sollte ich mich eigentlich ärgern? Wenn ich ehrlich bin, hat das wohl eher mit meiner Angst zu tun: Ich gebe dem Verkäufer die Schuld, dass ich jetzt wieder mal so ängstlich reagiere. Das ist natürlich doppelter Unsinn: Einmal, weil der nichts dafür kann, dass ich so denke, wie ich denke, und dann auch noch, weil sich der Ärger gar nicht auf den Zeitpunkt A bezieht, sondern auf den kurz danach, als ich mich bereits ängstige. Mal sehen: Ist das, was in A geschieht, gut, egal oder schlecht für meine Ziele? … Hm, dass er mich fragt, ist weder gut noch schlecht. Das kann mir egal sein. Aber gut finde ich, dass ich ein Gerät gefunden habe, dass meinen Vorstellungen entspricht. Damit kann ich doch zufrieden sein!

Jetzt prüf' ich noch mein Zielverhalten: Nach dem, was ich eben beim Zielgefühl herausgefunden habe, ist das nicht angemessen. Er bedrängt mich doch gar nicht. Das einzige, was ich noch nicht weiß ist, ob es das Gerät woanders günstiger gibt. Das prüfe ich. Das kann ich ihm auch sagen. Ich kann ihm auch anbieten, es hier zu kaufen, wenn er mir garantiert, dass es nicht woanders günstiger ist.«

Das Ergebnis von Herrn Zauders Zielprüfungen lautet:

Zielgefühl^{neu}: Zufriedenheit (Freude 3)

Zielverhalten^{neu}: Ich sage: »Das Gerät passt für mich. Ich möchte nur noch checken, ob dieser Preis günstig ist. Oder geben Sie mir eine Niedrigpreis-Garantie?«

Und jetzt Sie!

Bitte beantworten Sie nachstehende Fragen schriftlich.

Aufgabe 50: Wozu ist es wichtig, dass Menschen mit GFT lernen, sich langfristige Ziele zu setzen? Worauf sollte man dabei achten?

Aufgabe 51: Welche Konsequenzen hat es, wenn man keine langfristigen Ziele hat? Worauf müssen Menschen ohne Ziele verzichten? Weshalb ist das so?

Aufgabe 52: Wie kann man sinnvolle von unsinnigen Zielen unterscheiden? Bitte geben Sie je drei Beispiele für sinnvolle und unsinnige Ziele.

Aufgabe 53: Was sind Zielpläne? Geben Sie ein Beispiel.

Aufgabe 54: Was sind Etappenziele? Wozu sind sie sinnvoll? Geben Sie ein Beispiel.

Aufgabe 55: Was sind »Könnerziele« und welche Konsequenzen haben sie? Geben Sie ein Beispiel.

Aufgabe 56: Was bedeuten inhaltlich Z1 und Z2? Mit welchen Fragen bestimmen wir ihren Inhalt?

Aufgabe 57: Bestimmen Sie Ihre Veränderungsziele für Ihre zuvor aufgestellten ABC-Modelle.

Aufgabe 58: Weshalb sollte man auch Veränderungsziele auf Angemessenheit prüfen? Worauf ist dabei zu achten und wie geht man dabei vor?

Aufgabe 59: Prüfen Sie nun Ihre zuvor aufgestellten Veränderungsziele auf Angemessenheit.

Wer Probleme damit hat, eigene Lebens- und Veränderungsziele aufzustellen, auf Angemessenheit zu prüfen und ggf. sinnvoll umzuformulieren, kann hier Hilfe finden: »Weitblicker und Zielverfolger. Eigene Lebensziele bestimmen und erfolgreich umsetzen« (Stavemann, 2018).

5.2 Neue Konzepte erstellen

Als wir im Abschnitt 2.3 die langfristigen Auswirkungen von GFT betrachteten, war wohl allen sofort klar, *die* möchte niemand, schon gar nicht jemand mit GFT. Die Frage ist nur: Wie wird man die los?

Nun, das geht schon, aber … hierzu gleich zwei Wermutstropfen:

(1) Das ist mühsam und lästig. Je länger man nach einem bestimmten Konzept, nach speziellen Regeln, Normen und Eigenheiten gelebt hat, umso schwerer wird es, sich dieses inzwischen meist schon unbewusst ablaufend Gelernte wieder abzutrainieren oder durch andere Konzepte und Regeln zu ersetzen. Umlernen ist übungsabhängig. Je mehr man übt, umso eher stellt sich der Lernerfolg ein. Aber wie die meisten noch aus der Schulzeit wissen: Intensives Lernen ist oft aufwändig und lästig.

(2) Es kostet den Krankheitsgewinn (zur Erinnerung s. Abschn. 1.3). Wer die langfristig negativen Konsequenzen von GFT nicht mehr ertragen will und deswegen die eigenen GFT-Konzepte ablegt, kann auch nicht mehr deren kurzfristige Vorteile in Form sofortigen Entlastens oder Lustmaximierens einfahren. Nicht jeder mit GFT ist dazu ohne weiteres bereit.

Wer sich durch diese beiden Aspekte von seinem Veränderungsvorhaben nicht abschrecken lässt, hat sehr gute Chancen, sein Ziel zu erreichen.

Das neue Konzept erstellen: B^{neu}. Um Konzepte nicht ständig aufs Neue prüfen zu müssen, wenn wir in unsere typischen GFT-Situationen rutschen, fassen wir das Prüfergebnis (s. Kapitel 4) in prägnanten, leicht zu behaltenden Merksätzen zusammen. Dieses neue Denkmuster (abgekürzt mit B^{neu}) führt zum Zielgefühl und

Zielverhalten. Es bewirkt, dass wir künftig so reagieren, wie wir das in unseren Z1 und Z2 festgelegt haben.

Das neue Konzept verinnerlichen. Haben wir das B^{neu} lange genug geübt, reagieren wir auch unbewusst »automatisch« danach. Aber bis dahin ist es leider ein weiter Weg. Was wir tun müssen, um ihn erfolgreich zu beschreiten, betrachten wir im nächsten Kapitel. Zunächst lernen wir nach dem Motto »Was nicht da ist, kann auch nicht wirken« unser neues Konzept so lange auswendig, bis es uns mindestens ebenso geläufig und präsent ist wie unser altes. Nur dann haben wir es in künftigen GFT-Situationen parat.

Lerngesetze. Lernen folgt bestimmten Gesetzmäßigkeiten. Diesen Lerngesetzen zufolge setzt man eine erfolgreich ausgeführte Strategie erneut ein. Je öfter man damit das Ziel erreicht, umso fester prägt sie sich ein, bis man sie irgendwann so gut beherrscht, dass man sie unbewusst und ohne gezielt darüber nachzudenken anwendet. So erlernte, dann unbewusst ablaufende Muster haben viele Vorteile. Es kann sogar das Überleben sichern, wenn man auf bewährte Lösungen zurückgreifen kann, ohne jedes Mal zeitaufwändig erneut darüber nachdenken zu müssen, was man nun tun sollte. Aber leider funktioniert so ein »Lernen am Erfolg« auch bei Lösungen, die nur zu sehr kurzfristigem Erfolg führen und die sich langfristig als untauglich oder gar selbstschädigend erweisen. Wir achten daher künftig auch auf die langfristigen Konsequenzen einer Lösung.

5.2.1 Der gesunde Umgang mit Frustration

Um für unangemessene Denkmuster sinnvolle Alternativen zu erstellen, nutzen wir die Erkenntnisse, die wir aus dem Prüfen des alten Konzepts gewonnen haben. Dabei gibt es zwei Möglichkeiten:

- Entweder, das alte Konzept lässt sich so verbessern, dass es dadurch sinnvoll wird, z. B. indem Eintrittswahrscheinlichkeiten oder andere Übertreibungen sowie unlogische Schlussfolgerungen und vermutete persönliche Konsequenzen realistisch korrigiert werden,

- oder es ist nicht korrigierbar und ein alternatives Konzept muss erarbeitet werden, z. B. wenn sich ein Ziel oder eine Schlussfolgerung als unsinnig herausstellt.

Lernziele. Wer die äußerst unangenehmen Konsequenzen von GFT loswerden möchte, muss die untauglichen Konzepte erkennen, sie aufgeben und durch andere, angemessene ersetzen. Ein erfolgreiches Änderungsprogramm sieht so aus:
(1) von der Kurzfrist- zur Langfristperspektive wechseln
(2) den Ist-Zustand akzeptieren
(3) eigene Verantwortung am Ist-Zustand akzeptieren
(4) den Ist-Zustand auf Veränderbarkeit prüfen
(5) neue angemessene langfristige Ziele aufstellen
(6) Einsatzbereitschaft für die neuen Ziele zeigen

Diese Schritte betrachten wir nun ausführlich.

(1) Von der Kurzfrist- zur Langfristperspektive wechseln

Als ein wesentliches Merkmal von Personen mit GFT lernten wir die »Dummfaul«-Strategie kennen (»Hauptsache Entlastung jetzt, koste es morgen, was es wolle!«), bei der man sich darauf konzentriert, die momentane Lebensqualität in Form kurzfristiger Entlastung oder Belohnung zu steigern und die weitaus schwerwiegenderen langfristigen negativen Konsequenzen außer Acht zu lassen. Das dabei verwandte Prinzip gleicht folgenden GFT-Verhaltensweisen:

- Jemand, der abnehmen möchte, isst jetzt ein Eis und ist danach unzufrieden mit sich. Er verzichtet danach schweren Herzens auf etwas anderes oder verfehlt sein Ziel und ist damit permanent unzufrieden.
- Jemand trinkt jetzt noch einen Schnaps und darf danach sechs Monate lang nicht Auto fahren, weil man das Auto *jetzt* nicht stehen lassen mochte.
- Jemand spielt jetzt lieber am PC, statt die Steuererklärung zu machen, und muss deswegen finanzielle Nachteile erleiden, die höher sind, als wenn man die Arbeit an einen Steuerberater delegiert hätte.

- Jemand mag nicht auf den angebotenen Seitensprung verzichten und muss dafür in nächster Zeit einigen Aufwand betreiben, um die Ehe zu retten oder – falls das nicht geht – künftig ganz darauf verzichten.
- Jemand hat jetzt keine Lust, sich für eine Prüfung anzustrengen und muss dafür künftig auf alle Vorteile verzichten, die diese Ausbildung mit sich gebracht hätte.

Diese Liste ließe sich endlos weiterführen. Aber auch an diesen exemplarischen Verhaltensmustern wird deutlich, dass es für alle erhebliche Vorteile bedeutet hätte, wenn sie beim Entscheiden etwas weiter nach vorne schauten. Um uns künftig selbst nicht mehr »dummfaul« zu verhalten, trainieren wir, die langfristigen Konsequenzen unseres Entscheidens zu berücksichtigen und »schlauf-aul« die Strategie auszuwählen, mit der wir mit möglichst wenig Einsatz unsere Ziele erreichen und unsere langfristige Lebensqualität maximieren.

Fazit

Wir berücksichtigen die langfristigen Konsequenzen unserer Entscheide. Dabei gilt: weg vom kurzfristigen, hin zum langfristigen Maximieren der Lebensqualität!

(2) Den Ist-Zustand akzeptieren

Besonders bei den Forderern (s. Abschn. 1.1.1) fällt auf, dass sie nicht akzeptieren mögen, dass es gerade so ist, wie es ist. Sie bestehen darauf, dass es *unbedingt* anders sein muss – und zwar genau so, wie *sie* es für richtig halten, oder dass etwas *keinesfalls* sein *darf*, obwohl es doch tatsächlich gerade genau so ist. Das wäre so, als wenn jemand am Montag sagte »Heute *muss* Sonntag sein!« oder »Es *darf* nicht regnen!«, obwohl es das gerade tut.

Solches Fordern ist geballter Unsinn. Man kann zwar sinnvollerweise sagen: »*Wenn* ich mich nicht verspäten will, *dann muss* ich jetzt los.« Oder: »Ich *muss* pünktlich sein, *wenn* ich den Abflug nicht verpassen will.« Solche Muss-Sätze sind keine absoluten Muss-Sätze, denn sie stehen unter den Bedingungen »*wenn* ich nicht zu spät kommen will« und »wenn ich den Abflug nicht verpassen will«. Aussagen wie »Ich muss jetzt los!« (unabhängig davon, ob ich zu spät kommen will oder nicht) oder »Ich muss pünktlich sein!« (egal, was passiert) sind jedoch unsinnig. Wer unbedingte Forderungen stellt, beansprucht gewissermaßen göttliche Macht, um zu bestimmen, was möglich ist und was nicht, was sein darf und was nicht, was gut ist und was schlecht, was richtig ist und was falsch.

So richtig schräg wird es, wenn jemand solche universellen, allgemein gültigen Normen und Gesetze aufstellt und dann als Begründung dafür angibt: »Weil ich das so will!« Meist bleibt so etwas unausgesprochen, denn selbst eingefleischte Forderer merken sonst, dass dies seltsam klingt. Aber die, an die so ein Muss-Satz gerichtet wird, erkennen meist recht genau, was damit gemeint ist. Sie reagieren dann schnell verschnupft, und manche lassen das »unter keinen Umständen« unwidersprochen so stehen. Die emotionalen Turbulenzen sind damit vorprogrammiert.

Der einzige Muss-Satz, der ohne Bedingung auskommt, heißt: »Ich muss mal.« Bei jeder anderen Muss-Aussage prüfen wir zunächst, ob die Bedingung genannt ist, unter der dieser Satz gelten soll. Falls nicht, klären wir diese, indem wir fragen: »Sonst geschieht was?«

Fazit

Entweder etwas existiert oder es existiert nicht. Wenn es aber existiert, ist es unsinnig zu fordern, dass es nicht da sein sollte oder dürfte, dass es anders sein *muss*, weil ich das so will.

Kinder können vielleicht noch nicht erkennen, dass es für die Realität (»real« ist der momentane Zustand) völlig irrelevant ist, ob man diese mag oder nicht. Sie ist genau so, wie sie ist. Jugendliche und Erwachsene haben das meist schon gelernt. Falls nicht, wird es nun höchste Zeit, das nachzuholen.

Mussdenker

Fazit

Die Realität ist genau so, wie sie gerade ist – egal, ob ich sie so, wie sie ist, mag oder nicht. Ich lerne zu akzeptieren: »So isses!«

(3) Den Ist-Zustand auf Veränderbarkeit prüfen

Wenn wir eine Situation als gegeben akzeptieren, bedeutet das nicht, deswegen auch ungeprüft hinzunehmen, dass sie unveränderbar ist und wir sie künftig schicksalsergeben ertragen müssen. Wenn uns etwas nicht gefällt, prüfen wir als erstes, ob es in unserer Macht steht, es so zu verändern, wie wir das möchten.

Macht und Ohnmacht. Manches steht in unserer Macht, es zu verändern, anderes nicht.

In unserer Macht steht z. B., das zu lernen, was für uns erlernbar ist, das zu trainieren, was für uns trainierbar ist, das zu tun, was in unseren Fähigkeiten liegt, z. B. über unser Denken, Fühlen und Handeln nachzudenken und es auf Angemessenheit zu prüfen.

Nicht in unserer Macht steht, was jenseits unserer Fähigkeiten und Einflussnahme liegt, worüber andere entscheiden oder was schlichtweg Zufall oder Schicksal ist. Hierzu gehört u.a. was andere denken, tun oder unterlassen, wie *sie* sich fühlen, welche Ziele *sie* verfolgen, nach welchen Vorstellungen *sie* leben und entscheiden, Naturgesetze und -katastrophen, Wetter, der Lauf der Zeit und dessen Folgen.

Macht und Verantwortung. Wenn wir auf etwas Einfluss haben, dann sind wir dafür (mit)verantwortlich, dass es ist, wie es ist. Das gilt auch dann, wenn wir entschieden haben, *nichts* zu tun.

Fazit

Entscheidungs- und Handlungsfreiheit bedeutet, dafür die Verantwortung zu tragen, was man daraus macht – egal, ob man diese Freiheiten nutzt oder nicht.

Unklare Verhältnisse. Leider ist nicht immer offensichtlich, was gerade in der eigenen Macht steht und was nicht. Hier hilft dann nur, es auszuprobieren. Auch dafür ist dann allerdings der damit verbundene Preis zu zahlen.

Manches befindet sich vielleicht auch nur zum Teil im Rahmen der eigenen Einflussmöglichkeit, z. B. eine »gute« Beziehung zu führen, durch den Ärmelkanal zu schwimmen, sich gesund zu ernähren oder morgen früh um 7 Uhr aufzustehen. Wenn der Partner nicht mehr mitmachen will, wenn man sich verletzt oder die Fähigkeiten nicht mehr ausreichen oder wenn der Wecker vor 7 Uhr den Geist aufgibt: Pech gehabt, aber »so isses«.

Fazit

Wir setzen unsere Energie nur noch dort ein, wo ein Verändern in unserer Macht steht. Tut es das nicht, akzeptieren wir als gegeben, dass es ist, wie es ist – und vielleicht auch so bleibt.

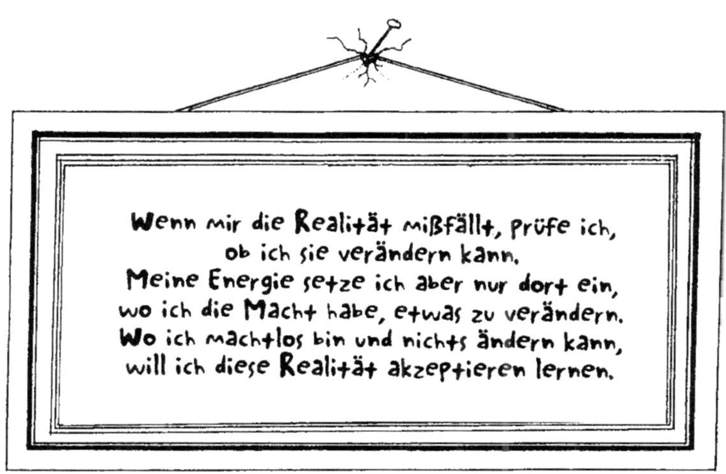

Energiesparprogramm – nicht nur für Mussdenker

(4) Eigene Verantwortung am Ist-Zustand akzeptieren

Wer erfolgreich gelernt hat, das Machbare und das Unbeeinflussbare auseinanderzuhalten, wird sich selbst oder andere nicht unsinnigerweise für etwas verantwortlich machen, was gar nicht dem eigenen Einfluss oder dem der anderen unterlegen hat. Aber nicht alle sind an dieser Fähigkeit *in jedem Fall* interessiert. So mag manchen dieser Zusammenhang zwischen Beeinflussbarkeit und Verantwortung bewusst oder unbewusst dazu verleiten, vorhandene Einflussmöglichkeiten zu leugnen oder nicht sehen zu wollen, um damit keine Verantwortung übernehmen zu müssen.

Manche lehnen ihre Einflussmöglichkeit auch wegen der damit verbundenen kurzfristigen Vorteile ab:

- Man muss dann nichts tun, weil es vermeintlich unbeeinflussbar ist, und
- man ist nicht schuld, weil es ja nicht in der eigenen Macht steht (d. h. man ist in der Situation dann das Opfer, nicht der diese Situation gestaltende Täter).

Die langfristigen Nachteile solcher Fehlentscheide liegen aber auf der Hand: Wer sich fälschlich einem vermeintlichen »Schicksalsschlag« ausliefert und deswegen passiv verharrt, wird ihn dauerhaft ertragen müssen – und ist dafür auch noch selbst verantwortlich. Wir tun daher gut daran, unerwünschte Zustände genauestens auf eigene Einflussmöglichkeiten zu untersuchen. Wenn wir erkennen, dass die eine unerwünschte Situation auch eine Konsequenz aus den eigenen vorangegangenen Entscheiden und Verhaltensweisen ist, können wir sie künftig in unserem Sinne beeinflussen und verändern.

Hurra: Selbst schuld! So komisch es auch klingen mag: Wir können froh sein, wenn wir herausfinden, dass wir an einem Zustand selbst schuld sind. Je öfter, umso besser, denn desto größer ist dann der eigene Entscheidungs- und Handlungsspielraum. Wir können dann entscheiden, ob wir daran etwas ändern wollen oder nicht. Auf jeden Fall sind wir dann nicht von anderen oder dem Schicksal abhängig.

Um künftig nicht unnötig eigene Freiheitsgrade, Entscheidungs- und Handlungsspielräume zu übersehen und damit ungenutzt zu lassen, prüfen wir jede unerwünschte Situation, daraufhin, was wir selbst dazu beigetragen haben, dass es nun so ist, wie es ist.

Fazit

Man ist für das verantwortlich, was dem eigenen Einfluss unterliegt.

Für die Konsequenzen unserer Entscheide und Handlungen sind wir selbst verantwortlich: »So was kommt von so was.«

Für Unbeeinflussbares und Schicksalhaftes machen wir weder uns selbst noch andere verantwortlich.

Ohnmächtiges Handeln. Manchmal ist es aber auch anders herum: Dass man sich Einflussmöglichkeiten zuschreibt, die man tatsächlich gar nicht besitzt. Auch Menschen mit GFT möchten häufig etwas verändern, das sie nicht selbst beeinflussen können, z. B.

- wenn jemand um seiner selbst willen geliebt werden will, fordert er Einfluss auf den Geschmack und die Gefühle anderer,
- wenn jemand will, dass es gerecht zugeht, fordert er, dass andere sich gefälligst so verhalten, wie er es in diesem konkreten Fall möchte.

Nach dem zuvor Betrachteten ist klar: Wer sich mit aller Kraft bemüht, etwas zu verändern, das gar nicht in der eigenen Macht steht, verschwendet die eigene Energie. So etwas ist nicht nur prinzipiell ein ziemlicher Unsinn. Für Menschen mit GFT gilt das in besonderem Maße, denn die wollen ja möglichst wenig Energie aufwenden.

Auch hier gilt es, zunächst das Machbare vom Wunschdenken unterscheiden und eigene Einflussmöglichkeiten realistisch einschätzen zu lernen.

(5) Einsatzbereitschaft für die neuen Ziele aufbringen

Einsatzbereitschaft ist die Energie, die wir bereit sind, für ein bestimmtes Ziel aufzubringen. Wir ahnen schon, jetzt wird es anstrengend. So ein Energieeinsatz kann zwar auch lustbesetzt sein, aber das ist leider lange nicht so oft der Fall, wie sich das jemand mit GFT wünscht. Um so etwas Lästiges zu umgehen, haben sich manche eine ganz spezielle Art von Zielen vorgenommen: Könnerziele. Im Abschnitt 6.1.2 erkannten wir, dass es sich dabei um eine Form des Wunschdenkens handelt: Man will *sofort* am Ziel *sein*, ohne die dafür notwendige Einsatzbereitschaft aufzubringen. Könnerziele wird man deswegen nie erreichen.

Wer sich Ziele setzt, ohne sie dann auch zielstrebig zu verfolgen, ist zudem schlecht dran, weil die tägliche Erkenntnis, wieder einmal nicht vorangekommen oder gescheitert zu sein, weder für das Selbstbild noch für die Selbstwirksamkeit oder das Selbstvertrauen förderlich ist. So etwas führt regelmäßig zu starker Unzufriedenheit und vielen geht es dann kurzfristig schlechter, als wenn sie sich gar keine Ziele gesetzt hätten. (Wir erinnern uns: Das ist einer der »Tricks« von jemanden mit GFT: lieber erst gar keine Ziele aufstellen.)

Andererseits sind da ja auch die langfristigen negativen Konsequenzen der Ziellosigkeit. Und wer die loswerden will, kommt nicht darum herum, sich etwas vorzunehmen, was man für erstrebenswert und erreichbar hält.

Energieeinsatz realistisch planen. Die wenigsten von uns haben täglich so viel Energie zur Verfügung, wie sie es sich wünschen. Hier gilt, wie bei jedem anderen Energiespeicher auch: Wir müssen darauf achten, unsere Energie sinnvoll einzuplanen und zielgerichtet einzusetzen, damit wir uns nicht unversehens auspowern und dann energielos in der Sofaecke hocken. Wir achten daher beim Zielplanen darauf, nicht mehr Energie zu verplanen, als wir zur Verfügung haben. Wir achten dabei auch auf genügend Regenerations- und Schlafzeit, um unserem Körper die Möglichkeit zu geben, seinen Energiespeicher wieder aufzuladen.

Eines der Kennzeichen von Menschen mit GFT ist deren Ungeduld, mit der sie einem erstrebten Ziel entgegensehen. Etliche von ihnen begehen den Kardinalfehler, sich aus Ungeduld oder Wunschdenken (oder beidem) Etappenziele zu setzen, die aus energetischer Sicht zu optimistisch oder gar völlig unrealistisch geplant sind. Um unnötige Frustration zu vermeiden, achten wir beim Zielplanen darauf, nicht »optimale« Voraussetzungen anzunehmen, unter denen wir unser Ziel nur erreichen. Selten sind alle Bedingungen optimal und auch leistungsmäßig erwischen wir nicht immer »gute Tage«. Deshalb planen wir die Etappenziele so, dass wir sie auch bei durchschnittlich günstigen Bedingungen und normaler Leistungsfähigkeit erreichen.

Energiepuffer. Zusätzlich planen wir in unsere Tagespläne »Energiepuffer« ein, indem wir maximal 90 Prozent unserer Energie verplanen, um auch dann noch das Etappenziel zu erreichen, wenn etwas Unerwartetes auftritt oder wir energetisch einmal einen weniger guten Tag haben.

Fazit

Wenn ein unerwünschter Zustand durch eigenes Zutun beeinflussbar und veränderbar ist, legen wir zunächst fest, wie wir ihn verändern wollen und in welchen Etappen das geschehen soll. Haben wir diesen Zielplan aufgestellt, setzen wir die dafür nötige Energie ein, um das Ziel schrittweise zu verfolgen. Dazu berücksichtigen wir, pro Etappe nicht mehr Energieeinsatz zu verplanen als zur Verfügung steht. Vorsorglich planen wir »Energiepuffer« ein.

In jedem Fall gilt: Wer etwas erreichen will, beachtet: »Von nix kommt nix.«

5.2.2 Beispiele für das Erstellen und Prüfen neuer Konzepte

Betrachten wir nun, wie Frau Hauptmann, Frau Prokrastl und Herr Zauder ihre neuen Konzepte B^{neu} aufstellen.

Beispiel • Neue Konzepte erstellen

Frau Hauptmann erstellt ihr neues Konzept (B^{neu})
Damit sie es künftig besser zur Hand hat und auswendig lernen kann, notiert sich Frau Hauptmann das Ergebnis, das sie beim Prüfen ihres alten Konzepts erarbeitet hat.
Korrigierte persönliche Sichtweise: »Das bedeutet vermutlich vorübergehend mehr Arbeit für mich, aber ich habe dem zugestimmt, deshalb können die das jetzt auch von mir erwarten. Wenn ich diesen Job behalten will, dient es meinem Ziel, wenn ich es tue. Weil ich mich kollegial verhalten will, um nicht wieder Außenseiterin zu sein, bleibe ich höflich.«

Korrigierte Schlussfolgerungen und vermutete persönliche Konsequenzen: »Es ist zwar sinnvoll, wird aber vermutlich lästig.«
Korrigierte Bewertung: »Schade.«

Frau Prokrastl erstellt ihr neues Konzept (B^{neu})
Frau Prokrastl notiert das Ergebnis ihrer Konzeptprüfung so:
Korrigierte persönliche Sichtweise: »Andere verfolgen ihre Ziele, ich meine. Es ist unsinnig zu fordern, dass andere mir zuliebe ihre Ziele aufgeben. Ich würde das auch nicht machen.«
Korrigierte Schlussfolgerungen und vermutete persönliche Konsequenzen: »Um die sonst eintretenden Konsequenzen abzuwenden, muss ich auf mein kurzfristiges Ziel verzichten, es *jetzt* angenehm zu haben. Und ich muss dazu jetzt die lästige Steuererklärung machen.«
Korrigierte Bewertung: »Das finde ich blöd.«

Herr Zauder erstellt sein neues Konzept (B^{neu})
Auch Herr Zauder schreibt sich das Ergebnis seines Konzeptprüfens auf, um es danach auswendig zu lernen.
Korrigierte persönliche Sichtweise: »Ob man mit etwas zufrieden ist, hängt nicht von einer ›optimalen Lösung‹ ab – die kennt man ja ohnehin erst im Nachhinein, wenn überhaupt – sondern davon, ob das, was man macht, den eigenen langfristigen Zielen dient. Selbst wenn ich wüsste, was heute das *Beste* ist, kann es doch morgen schon überholt sein. Ich will daher jetzt nur danach entscheiden, ob dieses Gerät für meine Ziele zweckdienlich ist, ob es von der Leistung, vom Preis und von der Optik her dem entspricht, wonach ich suche. Und das tut es.«
Korrigierte Schlussfolgerungen und vermutete persönliche Konsequenzen: »Ich habe für meine Ziele etwas Passendes gefunden.«
Korrigierte Bewertung: »Klasse.«

Bevor nun alle mit ihren neuen Konzepten in die Welt gehen, testen sie besser noch, ob die auch tatsächlich etwas taugen, d. h., ob sie auch wirklich zum jeweiligen Zielgefühl und Zielverhalten führen. Zudem sollten sie prüfen, ob diese Konzepte langfristige Lebenszufriedenheit bewirken und ob sie die negativen Konsequenzen der alten Konzepte vermeiden.

Wie man so etwas prüft, zeigen wieder Frau Hauptmann, Frau Prokrastl und Herr Zauder.

Beispiel • Neue Konzepte prüfen

Frau Hauptmann prüft ihr neues Konzept (B^{neu})

Frau Hauptmann prüft, ob sie mit ihrem neuen Konzept das erreicht, was sie möchte:

»Ich schau zuerst, wie sich dieses Konzept auf das Gefühl auswirkt. Wenn ich etwas *schade* finde, fühle ich mich traurig (Frau Hauptmann nutzt hier die Bewertung-Gefühls-Logik), so etwa in der Stärke 1 bis 3. Ich wollte das ja *bedauern*. Das finde ich stimmig.

Nun zu meinem Zielverhalten. Ich will reagieren, indem ich antworte: ›*Wie schön für dich! Ja, eine kurze Einweisung ist sicherlich hilfreich. Hast du alles chronologisch abgelegt?*‹ … Das Zielverhalten selbst finde ich schlüssig. Der erste Teil dient meinem Ziel, mich kollegial zu verhalten, der zweite, meinem Ziel den Aufwand, den ich nun zusätzlich betreiben muss, möglichst gering zu halten.«

Frau Prokrastl prüft ihr neues Konzept (B^{neu})

»So, mal sehen, ob ich mit dem neuen Konzept mein Zielgefühl erreiche: Wenn ich etwas ›blöd‹ finde, bin ich unzufrieden (Frau Prokrastl nutzt hier die Bewertung-Gefühls-Logik). Das wollte ich ja auch, das passt also.

Jetzt prüfe ich, ob ich damit auch mein Zielverhalten erreiche: Ja, sowohl in meiner persönlichen Sichtweise als auch in den Schlussfolgerungen und vermuteten persönlichen Konsequenzen habe ich Ziele formuliert, die mein Zielverhalten unterstützt (Ziel-Check). Auch das passt, es kann alles so stehen bleiben.«

Herr Zauder prüft sein neues Konzept (B^{neu})

Auch Herr Zauder prüft, ob ihn seine neue Denkweise zu seinem Z1 führt und ob sie für sein Z2 hilfreich ist:

»Hm, mal sehen, ob ich mit dem neuen Konzept mein Zielgefühl erreiche: Wenn ich etwas *klasse* finde, wie fühle ich mich da? Freude in mittlerer Stärke. Mein Zielgefühl ist Zufriedenheit. Das ist für mich Freude in der Stärke 4, das passt.

Nun prüfe ich, ob es an dem neuen Konzept etwas gibt, was mein Zielverhalten behindert. Mein Zielverhalten ist, dass ich sage: ›*Das Gerät passt für mich. Ich möchte nur noch checken, ob dieser Preis günstig ist. Oder geben Sie mir eine Niedrigpreis-Garantie?*‹ …Auch das passt. Das ist eine gute Lösung, damit kann ich gut leben (Herr Zauder benutzt hier einen Ziel- und Lebenszufriedenheits-Check).

Und jetzt Sie!

Bitte beantworten Sie die nachstehen Fragen schriftlich.

Aufgabe 60: Weshalb ist es so aufwändig, sich alte GFT-Konzepte wieder abzugewöhnen?

Aufgabe 61: Wie sieht ein erfolgreiches Veränderungsprogramm für GFT aus? Benennen Sie sechs Punkte.

Aufgabe 62: Was bedeutet es inhaltlich, wenn jemand von der kurzfristigen Perspektive zur langfristigen wechselt? Wofür ist das sinnvoll und was soll damit maximiert werden?

Aufgabe 63: Was sind absolute und was bedingte Muss-Sätze? Bitte geben Sie für beide Arten Beispiele und begründen Sie, weshalb absolute Muss-Sätze unangemessen sind.

Aufgabe 64: Wozu ist es notwendig, das Unbeeinflussbare als gegeben zu akzeptieren? Welche Konsequenzen hat es, wenn man das nicht tut?

Aufgabe 65: Was prüft man, bevor man einen Zustand zu verändern versucht? Wozu ist das sinnvoll?

Aufgabe 66: Was ist der Vorteil daran, wenn man merkt, dass man etwas Unerwünschtes selbst verschuldet?

Aufgabe 67: Was sollte man prüfen, bevor man für etwas die Verantwortung übernimmt?

Aufgabe 68: Was ist inhaltlich mit dem Lernziel »So isses!« gemeint?

Aufgabe 69: Was ist inhaltlich mit dem Lernziel »So was kommt von so was!« gemeint?

Aufgabe 70: Was ist inhaltlich mit dem Lernziel »Von nix kommt nix!« gemeint?

Aufgabe 71: Weshalb sollte man seinen Energieeinsatz realistisch planen? Wie geht man dabei vor?

Aufgabe 72: Wofür steht inhaltlich B^{neu} und wozu dient es? Wie geht man vor, wenn man es erstellen möchte?

5.3 Die neuen Konzepte umsetzen

5.3.1 Das Üben macht's: Erfolg durch Neu- oder Umlernen

Als wir uns im Abschnitt 2.1 damit beschäftigten, woher GFT kommt und weshalb man so etwas hat, erkannten wir, dass dies an bestimmten Konzepten liegt, die wir gelernt haben oder eben nicht. Das Praktizieren dieser Muster führt dann zu bestimmten Konsequenzen. Zum Glück wird GFT durch soziales und kulturelles Lernen verbal und nonverbal, offen und durch verdecktes

Modellernen vermittelt. »Zum Glück« deswegen, weil damit der Weg vorgezeichnet ist, wie wir so etwas loswerden: Wir können um- oder neu lernen. Hätte es sich um genetische oder angeborene Eigenheiten gehandelt, wären wir diesen hilflos ausgeliefert, denn durch Lernprozesse ist so etwas nicht veränderbar.

Wir können also die langfristig negativen Konsequenzen der GFT-Konzepte auf zweierlei Art wegbekommen:

- durch Umlernen, wenn ein vorhandenes Muster schadet,
- durch Neulernen, wenn noch ein wichtiges Konzept fehlt.

Damit uns dies gelingt, machen wir uns mit drei Lernschritten vertraut.

Schritt 1: Das Problembewusstsein vertiefen. Da Lernen meist übungsintensiv und damit für jemanden mit GFT besonders lästig ist, dient dieser erste Schritt dazu, die Veränderungsmotivation zu stärken. Wir haben uns schon mit dem Erarbeiten des Problembewusstseins befasst, als wir die Leitsätze »So was kommt von so was« und »Von nix kommt nix« erarbeiteten. Daran werden wir uns nun ständig selbst erinnern, damit wir motiviert bleiben, den Ist-Zustand mühsam zu verändern.

Um etwas Lästiges anzugehen, muss man damit nicht nur ein Problem haben und unzufrieden damit sein, man muss auch die eigene Verantwortung und die Einflussmöglichkeiten erkennen, denn sonst würden wir nicht aktiv werden. Je deutlicher wir erkennen, dass die negativen Konsequenzen daher kommen, dass wir ein schädliches GFT-Konzept verfolgen, umso größer ist unsere Veränderungsmotivation. Und je größer die ist, umso wahrscheinlicher schaffen wir es *jetzt*, uns zu überwinden, daran endlich etwas zu ändern.

Fazit

Um das Problembewusstsein zu stärken, verdeutlichen wir uns die eigene Verantwortung dafür, dass wir heute so unangenehme Konsequenzen erleiden (»So was kommt von so was«). Wir selbst entscheiden, ob wir anders zu reagieren lernen, um diesen Preis nicht mehr zahlen zu müssen.

Schritt 2: Das neue Konzept als Ziel. Selbst die bombigste Veränderungsmotivation hilft nur dann weiter, wenn man weiß, wohin die Reise gehen soll. Wir brauchen also eine klare Vorstellung davon, wie wir künftig anstelle der alten GFT-Muster reagieren wollen. Dazu haben wir im Abschnitt 5.2 ein neues Konzept erarbeitet, das zu den eigenen Glaubensgrundsätzen, Lebenszielen und Überzeugungen passt und das uns unnötige emotionale Turbulenzen erspart. Dieses Veränderungsziel behalten wir von nun an stets im Auge.

Fazit

Zum Um- oder Neulernen benötigt man eine klare Zielvorstellung und ein Konzept, das dorthin führt.

Schritt 3: Das konsequente Training des neuen Konzepts. Auch ein noch so tolles neues Konzept wirkt sich erst dann im Alltag aus, wenn man es dort benutzt. Dieses Übertragen vom Wissen zum Können ist der letzte und leider auch der schwierigste Part, denn er erfordert Training. Dazu gehört einerseits, das neue Konzept so gut zu lernen, es zu »verinnerlichen«, dass es uns jederzeit zur Verfügung steht. Was wir hierfür tun können, sehen wir im nächsten Abschnitt. Andererseits müssen wir es beständig anwenden, damit es uns in Fleisch und Blut übergeht und wir schließlich unbewusst damit reagieren – so, wie das beim alten Konzept auch funktioniert. Dazu trainieren wir das neue Konzept auf unterschiedlichen Ebenen. Mehr dazu im übernächsten Abschnitt.

Fazit

Um neue Konzepte im Alltag verfügbar zu haben, müssen sie so lange geübt werden, bis man sie spontan anwendet, d.h. ohne neu darüber nachdenken zu müssen.

5.3.2 Das neue Konzept verinnerlichen

Das Konzept »bahnen«

Für das spätere Training des neuen Konzepts, lernen wir das B^{neu} auswendig. Beim Lernen werden neue Verbindungen zwischen Nervenzellen im Gehirn angelegt. Diesen Vorgang nennt man »bahnen«.

Wir bemerkten an unseren alten GFT-Konzepten, dass wir damit in bestimmten Situationen unbewusst, automatisch oder spontan reagieren, sobald wir sie oft genug benutzt haben. Das gleiche Lernprinzip nutzen wir jetzt, wenn wir ein neues angemessenes Reaktionsmuster bahnen, um dann damit genauso unbewusst und spontan reagieren zu können, wie zuvor mit dem alten unangemessenen. Dabei gilt der Grundsatz, dass das Gelernte umso schneller zur Verfügung steht und umso schneller »automatisiert« abläuft, je *häufiger* man es übt und je *wichtiger* man die Situation findet. Gut gebahnte Reaktionen laufen also schneller ab als weniger häufig trainierte. Deswegen reagiert man häufig noch mit dem alten Muster, obwohl man inzwischen weiß, dass es ungünstig ist und obwohl man die günstige Lösung bereits kennt. Das gilt leider auch für alte schädliche GFT-Konzepte.

Fazit

Beim Lernen werden neue *neuronale Verknüpfungen* in unserem Gehirn aufgebaut. Diesen Aspekt des Lernens nennt man *bahnen*.

Achtung: Frustrationsalarm! Obwohl wir unser neues Konzept bereits kennen und fest davon überzeugt sind, müssen wir also zu Beginn unseres Trainings darauf gefasst sein, doch noch auf die alte Weise zu reagieren. Viele reagieren dann frustriert. Aber weil wir den Fehler jetzt immer früher bemerken, können wir gegensteuern und das alte Reaktionsmuster sofort abbrechen und dafür das neue benutzen. Konkret heißt das, einen aufgeschobenen

Entscheid *jetzt* zu fällen, ein Vermeidungsverhalten sofort sein zu lassen oder die Realität so zu akzeptieren, wie sie ist.

Bahnung als Datenautobahn. Den Prozess des Bahnens können wir uns an einem Bild verdeutlichen: Wenn man einen Pfad durch den Dschungel zu einer Wasserstelle anlegt, braucht man künftig unterschiedlich lange dafür, je nachdem, ob man ihn einmal monatlich oder zehnmal täglich benutzt. Im ersten Fall wird er schnell wieder zuwachsen und man muss sich jedes Mal erneut orientieren, um nicht vom Weg abzukommen. Im zweiten Fall ist der Pfad bereits gut ausgetreten. Man kennt ihn »im Schlaf« und muss sich nicht sonderlich konzentrieren, um ans Ziel zu kommen.

Was die Geschwindigkeit bei der Informationsverarbeitung ausmacht, lässt sich auch im Internet beobachten. Bei gut gebahnten Konzepten funktioniert sie wie bei einer superschnellen DSL-Verbindung, zu Beginn des Lernprozesses leider noch wie bei einem alten analogen Modem. Wenn man für eine bestimmte Situation zwei Konzepte besitzt, ein gut gelerntes altes und ein noch nicht so gut gebahntes neues, dann reagiert man zunächst mit dem alten Muster, weil es schneller ist und zuerst die Reaktion bestimmt.

Wollen wir irgendwann sofort mit dem neuen Konzept reagieren, gibt es nur einen Weg: es durch ständiges Training so gut zu bahnen, bis es schneller ist als das alte. Wie wir das hinbekommen, betrachten wir im nächsten Abschnitt.

Fazit

Das neue Konzept wird auswendig gelernt und dann durch ständiges Wiederholen so gut gebahnt, bis es schneller ist als das alte. Erst dann reagiert man »automatisch« so wie gewünscht.

Das Konzept trainieren

Einsichten wie »Ohne Fleiß keinen Preis«, »Von nix kommt nix« oder »In Großbritannien sollte man besser links fahren« sind auch für jemanden mit GFT relativ leicht zu gewinnen. Die Mühsal besteht darin, sie dann auch konsequent umzusetzen. Weil wir wissen, dass Erkenntnisse nur die halbe Miete sind, lernen wir das neue Konzept nun auch zu *glauben*. Dazu trainieren wir es, um es zu bahnen. Das ist besonders erfolgreich, wenn man es auf drei Arten durchführt: (1) in der Theorie, (2) in der Vorstellung und (3) real im Alltag.

(1) Theorietraining. Mithilfe von ABC- und ABCZ-Übungen erarbeiteten wir neue Erkenntnisse und Konzepte in Form theoretischen Wissens. Wir setzten uns damit auseinander, was genau an den alten Mustern unangemessen und schädlich ist und welche negativen Konsequenzen wir damit langfristig einfahren. Und wir können uns selbst begründen, weshalb das neue Konzept sinnvoll für uns ist – selbst wenn es kurzfristig Überwindung und vermehrte Anstrengung bedeutet.

Dieses wiederholte Betrachten der Nachteile des alten und der Vorteile des neuen Konzepts ist nicht nur für die Veränderungsmotivation ungeheuer wichtig, es hilft auch dabei, das neue Konzept zu glauben – denn man glaubt am ehesten das, was man sich selbst überzeugend begründen kann.

Fazit

Im neuen Konzept B^{neu} begründen wir, was am alten Denkmuster schädlich und am neuen sinnvoll ist. Wenn wir uns diese Gründe ständig vor Augen führen, lernen wir es zu glauben.

(2) Vorstellungstraining. Will man etwas Neues machen, braucht man zunächst eine Vorstellung davon, wie dieses Neue aussehen und wie es ablaufen soll. Wir erstellen daher für das neue Reaktionsmuster zunächst ein *Drehbuch*. Dieses beschreibt, wie wir künftig in bestimmten Situationen das neue GFT-Konzept anwenden, wie wir reagieren, was wir denken und tun wollen, um unser Ziel zu erreichen.

Weil die Hemmschwelle niedriger ist, etwas Neues zunächst in der Fantasie auszuführen, statt es gleich real anzuwenden, trainieren wir zuerst in der Vorstellung. Wie dies genau funktioniert, betrachten wir im Abschnitt 5.3.5.

Fazit

Um neue Konzepte anwenden zu lernen, erstellt man dazu ein Drehbuch. Dies enthält eine zielgerichtete Anweisung, wie man künftig in bestimmten Situationen reagieren will.

(3) Reales Training. In der Fantasie ist es ja noch relativ leicht, der »Held« zu sein, eigene Ziele zu erreichen und Erfolg zu haben. Wollen wir daraus mehr ziehen als nur einen schönen Tagtraum, müssen wir die Fantasie-Erfolge auch real umsetzen. Ist es uns gelungen, das B^{neu} in der Vorstellung erfolgreich anzuwenden, beginnen wir deswegen anschließend damit, es auch »live« im Alltag zu trainieren. Damit wir dabei nicht gleich die erste Hürde verweigern, achten wir darauf, mit leichteren Situationen zu beginnen. Im Abschnitt 5.3.5 betrachten wir, wie solche »Live«-Übungen aussehen und wie man sie durchführt.
Wie man neue Erkenntnisse zu glauben lernt, zeigt auch **AB 7**.

Fazit

Nur die Tat führt zum Erfolg. Dazu übt man neue Konzepte auch real im Alltag.

5.3.3 Sinnvolle Übungen sammeln und Übungsleitern erstellen

Wenn wir nun daran gehen, Übungen für unsere Veränderungsziele zu planen, berücksichtigen wir dabei stets, dass der Sinn des Übens darin besteht, GFT-Konzepte zu verändern, *nicht* darin, Verhalten zu trainieren. Alle Übungen verfolgen ausschließlich das Ziel, das alte GFT-Konzept durch ein neues, zielführendes zu ersetzen.

Dazu müssen wir zunächst festlegen, was genau wir wann, wie und wo trainieren wollen. Dazu sammeln wir typische Situationen für das alte GFT-Denkmuster, also solche, in denen wir zuvor mit der alten Forderer- oder Vermeider-Strategie reagiert hätten. Die konkrete Übungs*situation* kann dabei für unseren Alltag völlig unwichtig sein. Sie muss weder dem eigenen Geschmack entsprechen noch langfristig zielführend sein. So kann ein Forderer, der mit dem Motto »So isses« die Perspektiven anderer akzeptieren lernen will, gezielt Situationen aufsuchen, in denen er auf vermeintlich »Falsches« oder »Ungerechtes« stößt. Wer stets auf die eigene kurzfristige Bequemlichkeit bedacht ist, übt nun, sich langfristig zielführend zu verhalten und dafür kurzfristig Lästiges auf sich zu nehmen.

Bevor wir eigene Übungen aufstellen, betrachten wir zwei Qualitätsanforderungen, die sinnvolle Übungsaufgaben erfüllen sollten:

(1) Übungen sind gezielt aufzusuchen und auszulösen.
(2) Übungen schädigen niemanden.

»Und wozu das?«

Nun, schauen wir uns das genauer an.

(1) Übungen sind gezielt aufzusuchen und auszulösen

Damit soll gewährleistet werden, dass wir selbst entscheiden, wann wir welche Übungssituation aufsuchen, um sie mit der selbst gewählten Geschwindigkeit zu trainieren. Dazu muss das, was wir üben wollen, natürlich durch uns selbst auszulösen und zu steuern sein und darf nicht vom Verhalten oder von der Reaktion anderer abhängen. Hier einige Beispiele für Übungen, die dieses Qualitätskriterium erfüllen:

- Ich gehe jeden zweiten Tag um 18 Uhr für eine Stunde ins Fitnessstudio.
- Ich bringe jeden Samstag meine Buchhaltung auf den aktuellen Stand.
- Ich schreibe mir jeden Abend meine Ziele für den nächsten Tag auf.

Solche Übungen sind selbst steuerbar: Wir entscheiden, wann wir sie beginnen und wie wir sie durchführen. Weil wir dann innerlich darauf vorbereitet sind, haben wir vor und während des Übens das neue Konzept, unsere neue Denkweise für solche Situationen parat. Das ist eher unwahrscheinlich, wenn wir von der Situation überrascht worden wären. Folgende Beispiele erfüllen diese Qualitätsanforderung daher nicht:

- Wenn mein Chef mich das nächste Mal tadelt, bleibe ich höflich.
- Bis Samstag habe ich ein neues Büro gefunden.
- Ich entscheide mich *jetzt*: Ich heirate Sabine.

Bei solchen Übungen sind wir von der Reaktion anderer abhängig oder wir setzen schon Fähigkeiten voraus, die wir doch erst noch lernen wollen. In der ersten Aufgabe können wir die Situation nicht vorhersehen, würden von ihr überrascht und hätten vermutlich unser B^{neu} noch nicht spontan (d.h. unüberlegt) parat. Beim zweiten Beispiel setzen wir bereits eine Fähigkeit voraus, die wir nicht besitzen: Das Suchen steht in unserer Macht, das Finden nicht. Im ersten und dritten Beispiel sind wir außerdem auf die Reaktion anderer angewiesen, nämlich dass diese uns überhaupt tadeln oder heiraten wollen.

(2) Übungen schädigen niemanden
Übungen sollen weder uns selbst noch andere schädigen. Sie sind nicht gefährlicher als das normale Alltagsleben. Wir verzichten also auf alle Übungen, die diese Bedingung verletzen, z.B. folgende Situationen:

- Wenn mich mein Chef noch einmal kritisiert, knalle ich ihm eine.
- Ich ziehe erst aus meinem Büro aus, wenn ich ein neues gefunden habe.
- Ich entscheide jetzt immer sofort, auch wenn ich die Konsequenzen der einzelnen Alternativen noch nicht kenne.

Falls die Personen, die hier ungefragt in die Übung einbezogen werden, entsprechende Konsequenzen ziehen, sind alle Beispiele für die eigenen langfristigen Ziele schädlich: Im ersten wird das langfristige Ziel sabotiert, nach der Probezeit übernommen zu werden, im zweiten wären die ökonomischen Konsequenzen wohl um einiges negativer, als wenn man gleich einen Makler beauftragt hätte, im dritten setzt man leichtfertig seine Ziele aufs Spiel.

Über die beiden Qualitätsanforderungen hinaus wenden wir bei unseren Übungen auch den Moral-Check an und bedenken, wie wir es fänden, wenn andere mit uns auf diese Weise »trainieren«.

Fazit

Sinnvolle Übungen dienen ausschließlich dazu, alte Konzepte zu widerlegen und neue zu trainieren. Es geht nicht darum, Verhalten zu üben.

Wir üben in Situationen, in denen wir bisher mit dem alten GFT-Konzept reagieren. Sie sind gezielt aufzusuchen und auszulösen, schädigen niemanden und sind nicht gefährlicher als der normale Lebensalltag.

5.3.4 Fallbeispiele für Übungsaufgaben und Übungsleitern

Übungsaufgaben sammeln

Unsere drei beispielhaften Vertreter für GFT-Konzepte zeigen nun, wie sinnvolle Übungen für das Verändern ihrer jeweiligen GFT-Konzepte aussehen können.

Beispiel • Übungsaufgaben sammeln

Frau Hauptmann sammelt Übungsaufgaben

Zum Training ihres neuen Konzepts hat sich Frau Hauptmann folgende Situationen ausgesucht, in denen sie sich bisher heftig geärgert und maßlos aufgeregt hätte:

- Ich biete einer Kollegin ungefragt bei einer Büroaufgabe Hilfe an.
- Ich nehme einen Bus früher, um zehn Minuten vor Arbeitsbeginn im Büro zu sein.

- Ich befrage meinen Partner zum Thema Kindererziehung mit dem Ziel, seine Sichtweise zu verstehen. Ich werde dabei weder widersprechen noch argumentieren.
- Ich stelle mich an eine Schlange an (beim Einkaufen, in der Post, im Amt), ohne mich über die Wartezeit zu ärgern und übe: »So isses.«
- Ich suche mir eine Meldung aus der Zeitung oder den Nachrichten heraus, die mir überhaupt nicht gefällt. Dann überlege ich, weshalb die betreffenden Personen sich wohl dafür entschieden haben, welche Ziele sie damit verfolgen und wie ihre Sicht der Dinge sein könnte.
- Ich suche mir eine Einstellung oder Handlung meines Partners heraus, die mir nicht gefällt. Dann überlege ich, was ihn wohl dazu veranlasst hat, welche Ziele er damit verfolgt und wie seine Sicht der Dinge sein könnte. Anschließend frage ich ihn danach, um zu prüfen, ob ich das richtig erraten habe.
- Ich wasche ungefragt das Auto meines Partners.
- Ich putze den Treppenteil meiner Nachbarin ungefragt mit.
- Ich bitte beim Restaurantbesuch eine Begleitperson, für mich zu entscheiden, was ich esse.
- Ich frage meinen Partner, welchen Teil der Hausarbeit ich diese Woche übernehmen soll und akzeptiere seinen Vorschlag widerspruchslos.

Frau Prokrastl sammelt Übungsaufgaben

Frau Prokrastl will ihr Vermeider-Konzept loswerden. Mit folgenden Übungen will sie lernen, Dinge zu tun, die sie zwar für wichtig hält, zu denen sie aber weniger Lust hat, als sich um ihren beruflichen Erfolg zu kümmern:

- Ich spiele eine Stunde mit meiner Tochter.
- Ich stelle einen Putzplan auf und arbeite meinen täglichen Anteil daran ab.
- Am Samstag bringe ich meine Steuern/Buchführung auf den aktuellen Stand.

- Ich nehme mir eine Stunde Zeit für meinen Mann.
- Wenn meine Mutter bei uns wohnt, beschäftige ich mich eine halbe Stunde mit ihr. Wohnt sie bei sich oder in einem Heim, besuche ich sie für eine Stunde.
- Ich gehe eine Stunde zum Fitnesstraining.
- Ich koche ein Lieblingsessen meines Mannes, das ich nicht gern mag.
- Ich schalte meine Büronummer von 16 bis 10 Uhr auf den Anrufbeantworter und beschäftige mich in dieser Zeit nicht mit beruflichen Dingen.
- Ich mache eine Stunde Gymnastik und Yoga im Hause.
- Ich lösche alle Spiele von meinem PC.
- Ich besuche einen Volkshochschulkurs zum Thema Kindererziehung.

Herr Zauder sammelt Übungsaufgaben

Herr Zauder will lernen, auf die Vorteile abgewählter Alternativen zu verzichten. Dazu hat er sich folgende Übungen vorgenommen:

- Ich beantworte Steffies Frage und sage ihr, dass ich keine feste Beziehung mit ihr möchte.
- Ich entscheide, ob ich mit Katja eine feste Beziehung möchte und auf die anderen Beziehungsangebote verzichten will. Ich informiere sie darüber noch am selben Tag.
- Ich beantworte Marlenes Frage, ob ich noch andere Freundinnen habe, mit »Ja«.
- Ich entscheide, ob ich für die nächsten drei Jahre in meiner jetzigen Position bleiben will oder ob ich mich ab sofort um eine bessere bemühe.
- Ich entscheide, ob ich weiter zur Miete wohnen oder Wohnungseigentum erwerben will.
- Ich sage meinem Freund Moritz, dass ich nicht mit ihm nach Griechenland möchte.
- Ich sage Klaus zu seiner Silvester-Party in vier Monaten schon heute definitiv zu.

- Ich bitte die Nachbarin, die immer auf meine Katze aufpasst, den Mülleimer nicht immer so mit Pappe vollzustopfen.
- Ich entscheide über meine Lebensziele und stelle hierzu einen Zielplan auf.
- Ich entscheide in den nächsten zehn Tagen, welches Auto ich kaufe. Bis dahin habe ich alle nötigen Informationen gesammelt.

Übungsleitern erstellen (s. a. AB 8)

Die Aussichten für einen Übungserfolg steigen, wenn unnötige Frustrationserlebnisse vermieden werden. So etwas droht aber, wenn man – gewollt oder versehentlich – sofort mit der schwierigsten Übung beginnt. Das Risiko, dann *so etwas* zu verweigern und wieder die alte GFT-Reißleine zu ziehen, wäre unnötig groß, denn *so viel* Selbstüberwindung bringen die meisten noch nicht auf. Bevor wir uns auf die Übungen stürzen, sortieren wir sie daher zuvor nach ihrer Schwierigkeit, um nicht versehentlich oder gar absichtlich (z. B. weil wir möglichst schnell damit »durch« sein möchten) mit einer zu schwierigen Aufgabe beginnen.

Hat man die leichteren Aufgaben erfolgreich erledigt, baut man durch diese Erfolge nach und nach mehr Selbstvertrauen auf. Das hilft dabei, dann auch die schwierigeren und – wenn wir es denn wollen – letztendlich auch die schwierigsten Übungen auszuführen.

Eine Übungsleiter erstellt man, indem man die Übungsaufgaben nach ihrer Schwierigkeit in zehn Stufen ordnet. Dabei geht man folgendermaßen vor: Man schreibt alle Übungen auf kleine Zettel. Dann wird die schwerste bestimmt, sie kommt auf die Stufe 10. Alle anderen Übungen werden nun in ihrer relativen Schwierigkeit zu dieser ersten, auf Stufe 10 eingeordneten Übung bestimmt: Die Übung auf dem zweiten Zettel ist entweder gleich schwer und kommt auch auf Stufe 10, oder sie ist z. B. halb so schwer und kommt auf Stufe 5. Die Übung vom nächsten Zettel ist entweder genauso schwer wie eine zuvor eingeordnete und kommt dann auf dieselbe Stufe, oder sie liegt darunter oder zwischen zwei bereits eingeordneten Übungen. Auf diese Weise werden alle Übungen in eine Rangreihe geordnet.

(1)---(2)---(3)---(4)---(5)---(6)---(7)---(8)---(9)---(10)
niedrigste höchste
Schwierigkeitsstufe

Jetzt nur keine Panik! Niemand *muss* die Übungen aller Stufen durchführen. Wie weit man sein altes Problem ablegen will, entscheidet jeder für sich selbst. Manche sind schon mit dem Erreichen der Stufe 6 zufrieden, andere hören bei Stufe 8 auf und wieder andere wollen alle Stufen schaffen.

Wir beginnen mit der einfachsten Übung. Erst wenn wir diese erfolgreich mit dem neuen Konzept bewältigen, gehen wir zur nächsten Schwierigkeitsstufe über und trainieren die Übungen dieser Stufe so lange, bis wir auch darin auf die angestrebte Weise denken, fühlen und handeln. So arbeiten wir uns dann Stufe für Stufe auf der Übungsleiter hoch, bis wir auch den letzten angestrebten Schwierigkeitsgrad erfolgreich bewältigen.

Vorteile des gestuften Vorgehens. Über das bereits beschriebene Reduzieren von Frustrationserlebnissen hinaus hat das Üben in abgestuften Schwierigkeitsgraden noch weitere Vorteile:

- Man kommt leichter mit den schwierigen Aufgaben zurecht, wenn man zuvor die leichteren erfolgreich mit dem neuen Konzept gemeistert hat. Das liegt unter anderem daran, dass das Selbstvertrauen durch die vorherigen Übungserfolge stetig steigt.
- Zudem ist die nötige Selbstüberwindung von einer Stufe zur nächsten immer gleich hoch. Wenn man die Stufe 5 erfolgreich bewältigt, ist es bis zur Stufe 6 nur noch ein kleiner Schritt.

Betrachten wir an unseren drei Beispielen, wie solche Übungsleitern in der Praxis aussehen.

Beispiel • Übungsleitern erstellen

Frau Hauptmann erstellt ihre Übungsleiter

(7) Ich befrage meinen Partner zum Thema Kindererziehung mit dem Ziel, seine Sichtweise zu verstehen. Ich werde dabei weder widersprechen noch argumentieren.

(8) Ich suche mir eine Einstellung oder Handlung meines Partners heraus, die mir nicht gefällt. Dann überlege ich, was ihn wohl dazu veranlasst hat, welche Ziele er damit verfolgt und wie seine Sicht der Dinge sein könnte. Anschließend frage ich ihn danach, um zu prüfen, ob ich das richtig erraten habe.

(9) Ich nehme einen Bus früher, um zehn Minuten vor Arbeitsbeginn im Büro zu sein.

(10) Ich suche mir eine Meldung aus der Zeitung oder den Nachrichten heraus, die mir überhaupt nicht gefällt. Dann überlege ich, weshalb die betreffenden Personen sich wohl so entschieden haben, welche Ziele sie damit verfolgen und wie ihre Sicht der Dinge sein könnte.

(11) Ich biete einer Kollegin ungefragt bei einer Büroaufgabe Hilfe an.

(12) Ich stelle mich an eine Schlange an (beim Einkaufen, in der Post, im Amt), ohne mich über die Wartezeit zu ärgern und übe: »So isses.«

(13) Ich putze den Treppenteil meiner Nachbarin ungefragt mit.

(14) Ich bitte beim Restaurantbesuch eine Begleitperson, für mich zu entscheiden, was ich esse.

(15) Ich wasche ungefragt das Auto meines Partners.

(16) Ich frage meinen Partner, welchen Teil der Hausarbeit ich diese Woche übernehmen soll und akzeptiere seinen Vorschlag widerspruchslos.

Frau Prokrastl erstellt ihre Übungsleiter

(1) Ich nehme mir eine Stunde Zeit für meinen Mann.

(2) Ich spiele eine Stunde mit meiner Tochter.

(3) Ich stelle einen Putzplan auf und arbeite meinen täglichen Anteil daran ab.
(4) Wenn meine Mutter bei uns wohnt, beschäftige ich mich eine halbe Stunde mit ihr. Wohnt sie bei sich oder in einem Heim, besuche ich sie für eine Stunde.
(5) Ich gehe eine Stunde zum Fitnesstraining.
(6) Ich koche ein Lieblingsessen meines Mannes, das ich nicht gern mag.
(7) Ich besuche einen Volkshochschulkurs zu einem Thema, das für Kindererziehung relevant ist.
(8) Ich mache eine Stunde Gymnastik und Yoga im Hause.
(9) Am Samstag bringe ich meine Steuern/Buchführung auf den aktuellen Stand.
(10) Ich lösche alle Spiele von meinem PC
Ich schalte meine Büronummer von 16 bis 10 Uhr auf den Anrufbeantworter und beschäftige mich in dieser Zeit nicht mit beruflichen Dingen.

Herr Zauder erstellt seine Übungsleiter

(1) Ich sage Klaus zu seiner Silvester-Party in vier Monaten schon heute definitiv zu.
(2) Ich beantworte Marlenes Frage, ob ich noch andere Freundinnen habe, mit »Ja«.
(3) Ich beantworte Steffies Frage und sage ihr, dass ich keine feste Beziehung zu ihr möchte.
(4) Ich bitte die Nachbarin, die immer auf meine Katze aufpasst, den Mülleimer nicht immer so mit Pappe vollzustopfen.
(5) Ich sage meinem Freund Moritz, dass ich nicht mit ihm nach Griechenland möchte.
(6) Ich entscheide in den nächsten zehn Tagen, welches Auto ich kaufe. Bis dahin habe ich alle nötigen Informationen gesammelt.
(7) Ich entscheide, ob ich mit Katja eine feste Beziehung möchte und auf die anderen Beziehungsangebote ver-

zichten will. Ich informiere sie darüber noch am selben Tag.

(8) Ich entscheide, ob ich für die nächsten drei Jahre mit meiner jetzigen Position bleiben will oder ob ich mich ab sofort um eine Verbesserung bemühe.
(9) Ich entscheide, ob ich weiter zur Miete wohnen oder Wohnungseigentum erwerben will.
(10) Ich entscheide über meine Lebensziele und stelle hierzu einen Zielplan auf.

5.3.5 Übungen planen und durchführen

Jetzt geht's los! Genug vorbereitet, jetzt beginnen wir mit dem eigentlichen Verändern. Dazu haben wir unsere persönliche Übungsleiter aufgestellt und picken uns nun die Situation mit dem niedrigsten Schwierigkeitsgrad heraus. Wir haben dazu in einem ABCZ-Modell das neue Denkmuster für diese Situation erarbeitet und auswendig gelernt. Bevor wir die Übung ausführen, stellen wir uns die Denk- und Verhaltensweisen, die für diese Übung notwendig sind, in allen Einzelheiten und im vollständigen Ablauf vor, d. h., wir schreiben uns dazu ein *inneres Drehbuch*. Erst wenn wir auch das verinnerlicht haben, geht's ans reale Üben.

Betrachten wir diese beiden Übungsschritte genauer.

Schritt 1: Vorstellungsübungen mit dem inneren Drehbuch
Was für Ziele im Allgemeinen gilt, gilt auch für unsere Übungsziele: Um erfolgreich dort anzukommen, wohin man will, braucht man eine klare Vorstellung davon, *wie* man dorthin kommt. Fehlt die Vorstellung davon, wie etwas umzusetzen ist, kann man es auch nicht ausführen.

Drehbücher erstellen. Wie Schauspieler im Theater brauchen wir für jede unserer Übungen ein Drehbuch. Darin sind unsere neue Strategie und das dazu neu erarbeitete Konzept enthalten. Es geht dabei darum, dass wir uns genau vor Augen führen, wie wir uns in dieser Übungssituation verhalten und was wir dabei denken wollen: das Konzept B^{neu}.

Komplette Drehbücher schreiben! Beim Drehbucherstellen achten wir darauf, dass wir es bis zum erfolgreichen Abschluss schreiben und dass wir uns darin so fühlen und verhalten, wie unser neues Konzept das vorsieht. So hat sich beispielsweise Frau Hauptmann nicht nur genau überlegt, *welcher* Kollegin sie heute *wobei* Hilfe anbieten will, sondern sie hat sich auch ein klares Drehbuch von ihrem Denken und Verhalten während der kompletten Übung geschrieben – bis hin zum erfolgreichen Abschluss. Denn sonst hätte ihre Übung keinen Sinn. Wenn sie z. B. zwar ihre Hilfe anböte und auch tatsächlich leistete, aber dabei vor lauter Frust und Ärger am liebsten herumpöbeln möchte.

Bei einer sinnvollen Übung soll das B^{neu} auch noch nach dem Üben präsent sein, denn sonst wäre es lediglich eine »Augen-zu-und-durch«-Übung, deren Konsequenzen uns eher vor weiteren Versuchen zurückschrecken lassen. Wir haben die Aufgabe dann zwar »brav« erledigt, dabei aber leider nur die alten, unangemessenen Gedanken und Gefühle erneut aktualisiert. (Zum Vorgehen s. auch **AB 9**)

Nur das B^{neu} zählt! *So* eine Übung wäre nämlich nicht erfolgreich, auch wenn wir uns darin wie angestrebt verhalten, denn das neue Konzept ist dann ja gar nicht zum Zuge gekommen. Und das ist doch der Grund, weshalb wir die ganze Mühe auf uns nehmen: Um unser B^{neu} zu üben und glauben zu lernen. Eine Verhaltensänderung allein wäre kein Erfolg, solange man dabei noch das alte Konzept benutzt.

Fazit

Das Handeln wird durch das innere Drehbuch bestimmt. Besitzt man keine Vorstellung von einer Handlung, kann man sie auch nicht durchführen.

Wir erstellen für jede Übung ein Drehbuch, das das Zielgefühl und Zielverhalten vom Anfang bis zum Ende einer

Übung beschreibt und das neue Denkmuster einbezieht. Im Drehbuch erreichen wir das erwünschte Ziel.

Voraussetzungen für Konzeptänderungen. Wer gibt schon grundlos, ohne wichtigen Anlass alte, mehr oder weniger lieb gewonnene Überzeugungen auf? So etwas funktioniert nur, wenn man einen »guten Grund« dafür hat, sie abzulegen. Der beste ist, wenn man sie nicht mehr glaubwürdig findet. Das erreicht man umso leichter, je plausibler man sich begründen kann, *was* am alten Konzept unangemessen, unsinnig oder krank machend ist. Erst danach ist man normalerweise bereit und offen für neue, alternative Sichtweisen.

Ein neues Konzept übernimmt man umso schneller, je überzeugender man sich begründet, was *dafür* spricht und wozu es gut ist. Man soll davon hundertprozentig überzeugt sein. Je häufiger man es dann erfolgreich anwendet, umso schneller verinnerlicht und glaubt man es.

Fazit

Um ein Konzept zu ändern, muss man zuerst die alte Überzeugung aufgeben. Das gelingt umso leichter, je deutlicher man sich ihre Unangemessenheit begründet.

Ein neues Konzept verinnerlicht man umso schneller, je plausibler man dessen Angemessenheit begründet und je häufiger es der Realitätsprüfung im Alltag standhält.

Vorstellungsübungen durchführen (s. a. AB 9)

Haben wir eine Übung von unserer Übungsleiter ausgesucht und dazu ein zielführendes *Drehbuch* erstellt, trainieren wir es mehrfach in der Vorstellung. Dabei gehen wir folgendermaßen vor:

(1) Wir suchen einen ruhigen Ort auf, an dem wir ungestört sind. Dann versetzen wir uns gedanklich in die ausge-

wählte Übungssituation und beginnen, unser Drehbuch gedanklich so anzuwenden, wie wir es aufgestellt haben.

(2) Falls wir dabei auf das alte Konzept oder das damit verbundene Gefühl stoßen, unterbrechen wir die Vorstellung sofort per *Gedankenstopp*, indem wir (innerlich) laut »Halt! Stopp!« rufen, um dann zunächst das B^{neu} zu wiederholen. Erst wenn wir das wieder vor Augen haben, nehmen wir die Vorstellungsübung an der unterbrochenen Stelle wieder auf.

(3) Dies wiederholen wir immer dann, wenn wir während der Vorstellungsübung auf das alte Denkmuster oder das dadurch erzeugte Gefühl stoßen.

Eine Vorstellungsübung ist erst erfolgreich, wenn wir darin mithilfe des neuen Konzepts zu dem Ergebnis gelangen, dass wir vorher im Drehbuch festgelegt haben. Wir trainieren das angestrebte Denken und Verhalten daher so lange in der Vorstellung, bis wir beides zielgemäß meistern. Dabei beachten wir Folgendes:

- Wir führen eine Vorstellungsübung erst durch, wenn wir fest vom neu erarbeiteten Konzept überzeugt sind, um nicht womöglich unbemerkt das alte unangemessene weiter zu verstärken.
- Wir machen eine Vorstellungsübung erst, wenn wir ein B^{neu} erarbeitet und auswendig gelernt haben.
- Wir erstellen zu jeder Vorstellungsübung ein zielführendes Drehbuch.

Fazit

Wir trainieren das neue, angestrebte Denken und Verhalten so lange in der Vorstellung, bis wir damit die Übungssituation zielgemäß meistern. Erst danach führen wir sie real aus.

Schritt 2: Das neue Konzept real im Alltag trainieren

Der Kontrolleur. Wir sind nun so gut vorbereitet, dass wir unser Drehbuch jetzt auch real im Alltag trainieren und unser neues Konzept »live« üben. Dazu versuchen wir, möglichst durch einen »Kontrolleur« unterstützt zu werden. Das ist eine Person, die unser Handwerkszeug, das ABCZ-Modell und unser B^{neu} kennt und die mit uns die ausgewählte Übungssituation aufsucht. Das könnte beispielsweise ein guter Freund, der Partner oder ein Mitglied der Therapiegruppe sein. Der Kontrolleur begleitet die Übung, ohne von außen erkennbar dazuzugehören. Er beobachtet uns unauffällig aus der Distanz und hat folgende Aufgaben:

- Er ist der *Rettungsanker*, an den wir uns wenden, wenn wir uns einmal nicht vom alten Reaktionsmuster befreien können und am liebsten ausweichen oder streiten möchten. Er hilft uns, das neue Konzept zu erinnern.
- Allein seine Anwesenheit hilft oft dabei, den *inneren Schweinehund* zu überwinden, die nötige Selbstüberwindung aufzubringen und nicht zu kneifen.
- Er dient als *Spiegel*: Wir können uns beim Üben schlecht selbst beobachten. Er soll unser Übungsverhalten daraufhin beurteilen, was wir bereits zielführend und gemäß unserem Drehbuch geschafft haben und was nicht.

Nachstehend als Übersicht, wie wir das neue Konzept in einer Übungsaufgabe »live« trainieren:

Vorgehen bei »Live«-Übungen (s. a. AB 10)

(1) **Sorgfältiges Vorbereiten.** Um unnötige Frustration zu vermeiden und nicht unbewusst die alten Muster zu wiederholen, beachten wir:
   - Keine »Live«-Übung, bevor wir das zielführende B^{neu} erarbeitet und auswendig gelernt haben.
   - Keine »Live«-Übung, bevor wir ein zielführendes Drehbuch erstellt haben.

- Keine »Live«-Übung, bevor wir sie erfolgreich in Vorstellungsübungen bewältigt haben.

(2) **Konkretes Planen und gezieltes Vorgehen.** Wir planen vorher, *wann* genau wir *welche* Übung *wo* und *wie* durchführen wollen. Dazu stimmen wir uns mit unserem Kontrolleur ab und weihen ihn in das Drehbuch, das B^{neu} und das Übungsziel ein. Dann suchen wir die Situation genau so auf, wie wir es geplant haben.

(3) **Dem inneren Drehbuch folgen.** Beim Übungsbeginn und dem weiteren Ablauf orientieren wir uns präzise am Drehbuch. Wir nehmen keine spontanen Änderungen daran vor.

(4) **Gedankenstopps nutzen.** Fallen wir in das alte unangemessene Konzept zurück, legen wir sofort einen *Gedankenstopp* ein und wiederholen das B^{neu}, bis es wieder sitzt. Dann greifen wir die Übung erneut auf.

(5) **Selbstreflexion.** Wir sind nicht in Eile. Wir nehmen uns so viel Zeit für die Übung, wie wir brauchen, um sie wie geplant zu Ende zu führen, und wir legen so viele *Gedankenstopps* ein und wiederholen unser B^{neu} so oft wie nötig. Beim Üben machen wir uns mehrfach bewusst, *weshalb* und *wozu* wir das machen und kontrollieren ständig, ob wir so denken und handeln, wie wir es im Drehbuch festgelegt haben.

(6) **Übung zu Ende führen.** Wir versuchen, die Übung bis zum Ende des Drehbuchs durchzuführen. Verlieren wir den roten Faden oder stellen wir fest, dass wir ein ungünstiges Drehbuch geschrieben haben, brechen wir die Übung ab, erstellen ein zielführendes Drehbuch, lernen es auswendig und machen dann einen neuen Anlauf.

(7) **Nachbereiten und Bewerten.** Nach einer Übung betrachten wir zusammen mit dem Kontrolleur, ob wir das vorbereitete Drehbuch und das B^{neu} angewendet haben. Ist es uns gelungen, oder müssen wir diese Übung noch einmal machen? Ist sie uns gelungen, vergessen wir nicht, uns dafür zu loben.

Eigenlob stinkt nicht. Manche müssen erst lernen, sich innerlich selbst auf die Schulter zu klopfen, wenn sie etwas erreicht haben, das den eigenen Zielen dient. Eigenlob ist die notwendige Voraussetzung dafür, um mit sich selbst zufrieden zu sein, um die Selbsteffizienzerwartung zu verbessern und um das Selbstvertrauen zu stärken. Deshalb sollten Sie sich nach erfolgreichem Üben selbst dafür loben, dass Sie das geschafft und dass Sie sich dazu überwunden haben.

Fazit

Übungen sind erfolgreich, wenn man sich überwindet, sie durchzuführen und das neue Denken trainiert. Das ist ein Eigenlob wert!

Der Übungserfolg hängt nicht von der Reaktion anderer ab, denn das steht nicht in der eigenen Macht. Nur vermiedene Aufgaben oder Augen-zu-und-durch-Übungen sind Misserfolge im Sinne des Übungsziels.

5.3.6 Beispiele für Übungen in der Vorstellung und »live«

Vorstellungsübung

Frau Prokrastl zeigt uns, wie sie ihr neues Konzept in der Vorstellung trainiert.

Beispiel • Frau Prokrastl macht eine Vorstellungsübung

Heute bereitet sich Frau Prokrastl auf ihre Übung der Stufe 2 (»Ich spiele eine Stunde mit meiner Tochter«) gedanklich vor. Dazu spult sie ihr Drehbuch ab und versucht, sich dabei auf das neue Konzept und ihre Gefühls- und Verhaltensziele zu konzentrieren. Als Z1 hat sie Zuneigung in der Stärke 8 festgelegt, als Z2 das konzentrierte Beschäftigen mit der Tochter. Ihr B^{neu} lautet: »Ich spiele mit meiner Tochter, um mit ihr im Kontakt zu sein und zu zeigen, wie wichtig sie mir ist. Das ist für mich wichtiges, zielführendes Verhalten und keine

Zeitvergeudung. Ich verfolge hier ein langfristiges Ziel und erwarte keine kurzfristige Belohnung.« Folgen wir nun ihrer Vorstellungsübung:

»Es ist Freitag, 17 Uhr. Ich bin mit meiner Tochter im Wohnzimmer. Sie krabbelt auf dem Boden herum. Um sie herum liegen ihre Lieblings-Stofftiere. Ich sitze neben ihr auf dem Boden und halte ihr den Hasen hin. Plötzlich höre ich im Nebenzimmer einen Klingelton. Es ist eine neue Nachricht eingegangen. Ob das wohl die Rückmeldung des neuen Kunden ist?«… HALT! STOPP!… Frau Prokrastl bemerkt, wie sie bei dieser Vorstellung nervös wird und aufstehen möchte, um die Nachricht zu checken. Sie macht einen Gedankenstopp und wiederholt gedanklich mehrfach ihr B^{neu}: »Ich spiele mit meiner Tochter, um mit ihr im Kontakt zu sein und zu zeigen, wie wichtig sie mir ist. Das ist für mich wichtiges, zielführendes Verhalten und keine Zeitvergeudung. Ich verfolge hier ein langfristiges Ziel und will keine kurzfristige Belohnung erwarten.« Dann fährt sie mit der Vorstellungsübung fort: »Ich spreche mit meiner Tochter… halte ihr den Stoffhasen hin. Sie krabbelt auf mich zu. Ich lächle sie an. Ob sich der Kunde wohl gemeldet hat? Mit diesem Abschluss hätte ich mein bisher bestes Monatsergebnis eingefahren!… HALT! STOPP!… (Frau Prokrastl wiederholt ihr B^{neu} und konzentriert sich wieder auf ihre Tochter.)… Wir spielen zusammen mit den Stofftieren. Meine Tochter lacht und brabbelt etwas. Sie sitzt da, hält ihren Hasen und ist damit beschäftigt, an seinen Ohren zu ziehen. Ich beobachte, wie sie jetzt ein Tier nach dem anderen aufnimmt und wieder zurücklegt. Sie scheint völlig konzentriert bei der Sache zu sein und sieht mich gar nicht… Ob ich wohl schnell schaue, was da an Nachrichten reingekommen ist? Das wäre doch echt der Hammer, wenn das geklappt hätte!… HALT! STOPP!… Ich spüre meine alte Ungeduld, lege erneut einen Gedankenstopp ein und wiederhole mehrfach mein B^{neu}. Dann wende ich mich wieder meiner Tochter zu, spreche mit ihr und nehme auch ab und zu ein Tier in die Hand. So geht das eine Weile, da klingelt das Telefon. Ich springe auf und will zum Telefon. Der Anrufbeantworter ist bereits angesprungen. Wer das wohl ist?… HALT! STOPP!…« usw.

»Live«-Übung

Beobachten wir nun, wie Herr Zauder sein Drehbuch für die Übungssituation »Ich beantworte Marlenes Frage, ob ich noch andere Freundinnen habe, mit ›*Ja*‹« real durchführt.

Beispiel • Herr Zauder macht eine »Live«-Übung

Herr Zauder hat sich mit seiner Freundin Marlene in ihrem Lieblings-Bistro verabredet. Heute will er ihre Frage vom letzten Donnerstag ehrlich beantworten. Sie hat ihn gefragt, ob er neben ihr noch andere Frauen treffe, und er hat sich mit einem empört geäußerten »Was soll das denn jetzt!? Traust du mir das zu?« vorläufig vor der Antwort gedrückt. Er befürchtet, dass Marlene sich zurückzieht, wenn sie von den anderen Beziehungspartnerinnen erfährt. Er möchte wirklich äußerst ungern auf Marlene verzichten, denn er findet sie charmant, attraktiv und sexuell höchst einfallsreich. Das gilt allerdings auch für die anderen Freundinnen …

Herr Zauder hat seinen besten Freund Klaus gebeten, als Kontrolleur dabei zu sein und darauf zu achten, dass er keinen Rückzieher macht. Beide haben verabredet, dass Klaus sich bei Marlenes Eintreffen verabschiedet, sich an die Bar zurückzieht und Zauder von dort aus beobachtet. Dieser will sich laut räuspern, wenn er mit der Übung beginnt.

Als Marlene eintrifft und Klaus sich verabschiedet hat, sitzen sich beide am Tisch gegenüber. Nach einigem Vorgeplänkel und nachdem beide ihr Bestelltes erhielten, räuspert sich Zauder. Er schwitzt … HALT! STOPP! … Er rekapituliert sein B^{neu}: »Ich habe mir vorgenommen, ehrlich zu sein. Möglich, dass sie nichts mehr mit mir zu tun haben will, wenn sie erfährt, dass ich noch andere treffe, aber das wäre der Preis dafür, dass ich mich nicht festlegen mag. Falls wir uns weiter treffen, möchte ich nicht dauernd befürchten müssen, dass sie das entdeckt. Ich finde es auch nicht okay, sie anzulügen.«… Er beginnt: »Äh… du hattest mich doch mal gefragt, ob ich noch andere Frauen treffe…« Marlene schaut ihn mit großen Augen erwartungsvoll an. Zauder zaudert: »Ja, äh, … (er schwitzt, macht erneut einen Gedankenstopp und wiederholt sein B^{neu}, dann:) …ja, also, ich hab' mir vorgenommen, dir das ehrlich zu beantworten: Ja, das tue ich. Ich hoffe inständig, dass das für dich okay ist.« Zauder atmet tief durch und schaut nun seinerseits Marlene erwartungsvoll an. Die reagiert zunächst mit Schweigen und scheint traurig zu sein. Dann meint sie: »Ich habe mir schon sowas gedacht. …Eine oder mehrere?«… Zauder zaudert erneut: »Wie, eine oder mehrere?« Sie: »Na, Frauen natürlich, was denkst du denn? Mit wie vielen treibst du es noch neben mir?« Zauder wird es wieder heiß. Er macht erneut einen Gedankenstopp und wiederholt sein B^{neu}, schließlich: »Jetzt willst du es aber ganz genau wissen… (Er beginnt zu schwitzen, benutzt erneut einen Gedankenstopp und wiederholt sein B^{neu}, dann:) …aber ich will dir gegenüber ehrlich sein: Es sind zwei Frauen, mit denen ich mich noch treffe.« Marlene: »Und die hast du genauso gern wie mich?« … Zauder: »Äh, … nun ja, … irgendwie schon.« Sie: »Du willst das also weiter so laufen lassen?« Er, nach einem weiteren Gedankenstopp und B^{neu}: »Ja, das wäre mir am liebsten, … (Zauder wischt sich die Stirn) … ich hoffe, das ist okay für dich?« Marlene schweigt, dann, nach einer Weile: »Ich glaube, das ist nichts für mich. Ich muss das jetzt erst mal verdauen. Ich glaube, ich geh' jetzt besser. Ich mag jetzt nicht belanglos mit dir klönen, als sei nichts gewesen.« Sie steht auf, Zauder auch. Er: »Kann ich dich morgen anrufen?« Sie: »Ich weiß noch nicht. Ich muss darüber nachdenken. Vielleicht nächste Woche.« Sie verlässt das Bistro, Zaudert schlurft zu Klaus an den Tresen. Der meint: »Wow, du hast es echt gemacht? Hätte ich dir nicht zugetraut. Klasse!«

Erst jetzt merkt Zauder, dass er das völlig übersehen hat: Er hat sein Ziel erreicht, er ist ehrlich geblieben, obwohl er ahnte, dass ihn das möglicherweise die Beziehung zu Marlene kostet.

Und dann gelingt es ihm doch noch, sich innerlich zufrieden auf die Schulter zu klopfen.

Und jetzt Sie!

Bitte beantworten Sie nachstehende Fragen schriftlich.

Aufgabe 73: Bitte erstellen Sie eigene B^{neu} für Ihre zuvor aufgestellten ABCZ-Modelle.

Aufgabe 74: Woraufhin sollten die B^{neu} geprüft werden? Wie geht man dabei vor?

Aufgabe 75: Prüfen Sie nun Ihre eigenen B^{neu} und lernen Sie sie dann auswendig.

Aufgabe 76: Bitte stellen Sie für Ihre GFT-Problemsituationen neue ABCZ-Modelle auf und prüfen Sie sie mithilfe der in Abschnitt 5.1 angegebenen Checkliste auf Vollständigkeit und auf Angemessenheit. Erarbeiten Sie für unangemessene Sichtweisen neue, angemessene und fassen Sie das neue Konzept dann als B^{neu} zusammen. Prüfen Sie anschließend, ob es zu Ihrem Z1 führt und ob es Ihr Z2 nicht behindert. Nutzen Sie hierzu das **AB 6**.

Aufgabe 77: Beschreiben Sie die Voraussetzungen, die erfüllt sein müssen, wenn man erfolgreich nach einem neuen Konzept leben möchte.

Aufgabe 78: Auf welchen drei Ebenen trainieren wir neue Konzepte? Beschreiben Sie die Ebenen und geben sie deren richtige Reihenfolge an.

Aufgabe 79: Was sind »Live«-Übungen und wozu dienen sie?

Aufgabe 80: Welche Bedingungen sollen sinnvolle Übungen erfüllen? Bitte begründen Sie die Bedingungen.

Aufgabe 81: Bitte sammeln Sie 10 bis 20 Übungssituationen für das Training Ihres neuen Konzepts.

Aufgabe 82: Was ist eine Übungsleiter, wozu dient sie und wie erstellt man sie? Bitte erstellen Sie Ihre eigene Übungsleiter.

Aufgabe 83: Was sind » Drehbücher«? Wozu dienen sie und welche Anforderungen sollen sie erfüllen?

Aufgabe 84: Was sind Vorstellungsübungen, wozu dienen sie und welche Anforderungen sollen sie erfüllen?

Aufgabe 85: Bitte erstellen Sie ein Drehbuch zu einer Ihrer Aufgaben und üben Sie es dann in der Vorstellung.

Aufgabe 86: Was ist vor einer »Live«-Übung zu beachten?

Aufgabe 87: Was ist ein Gedankenstopp und wozu dient er?

Aufgabe 88: Wozu ist Eigenlob wichtig?

Aufgabe 89: Üben Sie täglich Ihr Drehbuch für die gewählte Aufgabe so lange, bis es sitzt.

Aufgabe 90: Machen Sie dreimal wöchentlich eine »Live«-Übung.

6 Der innere Schweinehund und andere Stolpersteine im Veränderungsprozess

Donnerwetter, Sie haben es tatsächlich fast geschafft. Herzlichen Glückwunsch!

Da Sie immer noch nicht aufgegeben und das Buch frustriert in die Ecke gefeuert haben, sind Sie offensichtlich wild entschlossen, etwas zu verändern und nicht nur auf bessere, leichtere Zeiten zu hoffen. Das ist eine optimale Voraussetzung dafür, dass Sie nun auch noch die letzte Hürde nehmen: den Kampf mit dem gemeinen inneren Schweinehund.

Theoretisch haben Sie jetzt alles drauf und Ihrem Veränderungsziel steht fast nichts mehr im Wege. Allerdings nur fast, denn welcher Mensch mit GFT kennt nicht die vielfältigen Hürden, die so häufig den direkten Weg zum Ziel verstellen? Unser innerer Schweinehund hat so manche Tricks parat, auf die wir immer wieder hereinfallen, indem wir eines seiner Hintertürchen benutzen, die er allzeit bereitwillig offenhält. Damit uns das künftig immer seltener passiert, betrachten wir diese Stolpersteine jetzt genauer.

6.1 Vom Vermeider zum Schweinehundbesieger

6.1.1 Der innere Schweinehund bläst zum Gegenangriff

Der innere Schweinehund ist ein äußerst zäher, langlebiger Gegner. Man kann ihn nicht einfach ausschalten oder dauerhaft loswerden, denn er ist und bleibt ein untrennbarer Teil von uns. Aber wir können lernen, ihn in seine Schranken zu weisen und ihn zu kontrollieren. Das ist allerdings eine nie endende Aufgabe. Und wenn wir unaufmerksam werden, wird er die nächste Gelegenheit, das kleinste Hintertürchen, nutzen, um wieder hervorzudrängen und zu versuchen, die Kontrolle zu übernehmen.

Und was hat er uns damit nicht schon alles eingebrockt!

- *Er* ist für unsere Ängste, Depressionen und GFT-Probleme verantwortlich.
- *Er* verursacht die Konsequenzen, die wir auszulöffeln müssen, weil wir eines seiner Hintertürchen genutzt haben.

Und Sie haben tatsächlich vor, das zu ändern. Nun, die schlechte Nachricht ist: Ihr innerer Schweinehund weiß das bereits und ist schon darauf eingestellt, Sie davon mit allen ihm zur Verfügung stehenden Vermeidungs- und Verdrängungstaktiken abzuhalten. Er ist eben ein Teil von uns und weiß, was wir vorhaben. Es gibt aber auch eine gute Botschaft: Der innere Schweinehund lässt sich an die kurze Leine nehmen, wenn wir einige grundlegende Dinge beherzigen.

6.1.2 Den inneren Schweinehund an die kurze Leine nehmen

Der Kampf gegen den inneren Schweinehund ist nicht neu. Alle Generationen vor uns hatten damit zu tun und wir können deswegen auf Erfahrungswerte zurückgreifen und vier Regeln befolgen, mit denen man ihn erfolgreich in den Griff bekommt.

(1) Wir entscheiden ohne Hintertür. Der innere Schweinehund hat ein gutes Näschen für Hintertüren und er versucht ständig, uns mit solchen »Notausgängen« zu locken und von unserem neuen Ziel abzubringen, wenn uns gerade wieder einmal etwas lästig ist. Denn das ist genau der Augenblick, auf den wir vorher gern mit Vermeidungsstrategien reagierten und solche Hintertürchen benutzten. Das verhindern wir künftig, indem wir Entscheide präzise, ohne Hintertür und ohne Wenn und Aber fällen: *Wann* tun wir *was* mit *welchem Ziel.* Mit schwammigen Vorsätzen, die z. B. ein »irgendwann«, »wenn es mal passt«, »eigentlich« oder »sollte mal« enthalten, haben wir den Rückfall in alte Muster bereits vorprogrammiert.

(2) Wir drücken uns konkret und präzise aus. Auch anderen gegenüber formulieren wir künftig unsere Ziele, Vorstellungen und Wünsche konkret und präzise. Damit reduzieren wir Missverständnisse und die Wahrscheinlichkeit, dass andere versuchen, unsere Ziele zu sabotieren. Denn wir hinterlassen nun einen entschlossenen Eindruck: Wir wissen genau, was wir wollen, sagen das auch und werden dadurch für andere verständlicher.

(3) Wir planen unser Vorhaben realistisch. Wir stellten bereits fest, wie wichtig realistische Ziele und Zielpläne unter Einbezug von Etappenzielen für den Erfolg und die Veränderungsmotivation sind. Wer sich unnötig wegen unrealistischer Zielpläne stresst oder wegen notwendigerweise erfolgloser Versuche frustriert reagiert, öffnet den Strategien des inneren Schweinehunds Tür und Tor, denn so etwas macht anfällig für Resignation und Ausweichverhalten. Deswegen stellen wir konkrete Zielpläne mit realistischen Etappenzielen auf.

(4) Wir verhalten uns zielführend. Besonders zu Beginn einer Veränderung ist es leicht, den roten Faden aus den Augen zu verlieren, der zu den neuen Zielen führt. Deshalb halten wir *schriftlich* in lang-, mittel- und kurzfristigen Zielplänen fest, welche Ziele und Etappenziele wir *wie* und *wann* erreichen wollen. So sind wir ständig in der Lage zu prüfen, ob wir noch auf dem richtigen Weg sind und ob wir den selbst gewählten Zeitrahmen einhalten. Wir stellen unser Veränderungsprogramm wie einen *Fahrplan* auf und bearbeiten die festgelegten Etappen im gewählten Tempo, bis wir das Ziel erreichen, ohne die geplante Route zu verlassen. So vermeiden wir, orientierungslos unnötige »Ehrenrunden« zu drehen und deswegen frustriert zu sein.

Der innere Schweinehund macht mobil

Fazit

Je geringer die Bereitschaft, Frustrationen zu ertragen, umso größer die Chance für den inneren Schweinehund, uns dazu zu bewegen, ein Ziel aufzugeben.

6.1.3 Der Umgang mit den zehn hinterhältigsten Schweinehund-Argumenten

Selbst wer die im vorangegangenen Abschnitt beschriebenen Tipps beherzigt, ist damit nicht automatisch erfolgreich. Denn die Widerstände, die der innere Schweinehund bei uns gegen das neue GFT-Konzept mobilisiert, sind gemeinerweise oft nur schwer als hinterhältige Fallen auszumachen, und es bedarf einigen Übens, um sie zu erkennen. Schaffen wir das allein nicht und bemerken wir nur im Nachhinein an den negativen Konsequenzen des Vermeidens, dass wir dem inneren Schweinehund erneut auf den Leim gegangen sind, hilft oft nur noch das geschulte Auge eines Außenstehenden, um solche Fallen zu erkennen und zu vermeiden. Um hierfür selbst wachsamer zu werden, betrachten wir nun die zehn häufigsten Schweinehund-Argumente.

(1) »Ich hab's verstanden, ehrlich!«
Na klasse, das ist doch auch schon was. Aber wer deswegen meint, er könne sich nun bequem zurücklehnen und sich auf den neuen Einsichten ausruhen, gewinnt eine andere unliebsame Erkenntnis: *Verstehen* heißt noch lange nicht, es auch zu *können. Können* kommt von *üben*, und das ist doch bisher noch gar nicht zum Zuge gekommen. Lassen Sie sich daher nicht vom inneren Schweinehund einreden, Sie seien bereits am Ziel, nur weil Sie den Weg zum Ziel begriffen haben. Wenn Sie jemals dort ankommen wollen, werden Sie den Weg Schritt für Schritt beschreiten müssen, auch wenn das häufig mühsam wird.

Fazit

- Verstehen heißt nicht können. *Können* kommt von *üben*.
- Wer etwas ernten möchte, muss nicht nur wissen, wie man sät, er muss es tun.

(2) »Morgen ist auch noch ein Tag.« Oder: »Gleich Morgen fang ich an, versprochen.«

Nun, der erste Satz trifft zumindest mit einer sehr hohen Wahrscheinlichkeit zu. Wer sich deswegen aber dazu verleiten lässt, sein Verändern zu verschieben, sollte sich darüber im Klaren sein, dass dann auch die negativen Konsequenzen des Vermeidens weiter bestehen. Man hat dann eben länger etwas von seinem Problem.

Was würden Sie von diesem Argument halten, wenn es jemandem sagt, der sich gerade in einige Heftzwecken gesetzt hat und nun zu träge ist, wieder aufzustehen, um sie zu entfernen? Richtig: Das hielten Sie für ziemlich blöd. Entweder man findet sich dauerhaft damit ab und zahlt klaglos beständig den Preis für die Trägheit, oder man kann genauso gut jetzt gleich aufstehen, wenn der Schmerz lästig ist. Denn auch morgen oder übermorgen ist der Energieaufwand dafür gleich hoch. Wozu sollte man dann den Schmerz unnötig lange in Kauf nehmen?

Fazit

Wer Ziele auf morgen verschiebt, weil man es lästig findet, sie umzusetzen, sollte sich klar machen, dass man damit auch auf die Vorteile des Ziels verzichtet.

(3) »Ich würde es tun, wenn ich die Energie dazu hätte!« Oder: »Ich habe überhaupt keine Energie mehr.«

Nun, so etwas kann es schon geben, dass jemand sich körperlich so verausgabt, dass er danach völlig ausgelaugt und erschöpft ist. Hier kann dann eine kurze Erholungsphase weiterhelfen. Aber bei GFT ist körperliches Anstrengen selten ein realistischer Grund dafür, wenn jemand glaubt, völlig erschöpft und kraftlos zu sein. Dieser

Eindruck ist i. d. R. psychisch bedingt: Wer etwas unbedingt vermeiden will, empfindet dann tatsächlich so etwas wie Erschöpfung und meint dann, sich zuerst etwas ausruhen zu müssen.

Inzwischen fällt uns dieser kurzfristige Krankheitsgewinn natürlich sofort auf: Wer erschöpft ist, muss es *jetzt* nicht tun. Derart psychisch bedingte Erschöpfung wird man durch Erholung nicht los. Im Gegenteil: Sobald am nächsten Tag nach dem Aufstehen klar wird, was nun ansteht, fühle man sich gleich wieder völlig kaputt und ausgelaugt. Besser ich ruhe noch etwas…

Die erfolgreiche Lösung heißt *Selbstüberwindung*. Leider ist sie ebenso lästig wie erfolgreich. Nur mit einer gehörigen Portion an Selbstüberwindung lassen sich Ziele erreichen. Um dem inneren Schweinehund nicht gleich wieder eine Chance über das Frustrationsargument zu liefern, halten wir die Wahrscheinlichkeit, frustriert zu sein, dadurch gering, indem wir realistische kleine Veränderungsschritte planen und dann *mit Selbstüberwindung* umsetzen. (Dazu mehr im Abschnitt 6.2.)

Fazit

Man kann auch etwas müde, ausgelaugt oder energielos tun. Bei psychisch bedingter Kraftlosigkeit lässt sich der Teufelskreis unterbrechen, indem man trotzdem in kleinen, realistisch geplanten Etappen mit dem Vorhaben beginnt.

(4) »Wenn ich's auf den letzten Drücker mache, habe ich mehr Motivation.« Oder: »Ich brauch den Druck, sonst schaffe ich das nicht so gut.«

Da kann etwas dran sein. Schauen wir uns diese Argumente deswegen genauer an.

Wenn man etwas »auf den letzten Drücker« macht, heißt das, dass man das, was man dann tut, ungern tut. Andernfalls hätte man es ja freiwillig schon früher getan. Wenn man schließlich doch noch tut, was man nicht mag, dann i. d. R. deswegen, weil man sonst Nachteile fürchtet. Die Motivation, die jetzt angeblich verstärkt vorhanden ist, besteht also darin, drohende Nachteile zu verhindern. Die treibende Kraft ist also *Angst*.

Der angepriesene Trick besteht darin, so lange zu warten, bis die Angst vor den Konsequenzen des Vermeidens größer ist als der Widerwille, das Lästige zu tun. Auch auf den zweiten Blick erschließt sich nicht der Vorteil dieser Strategie. Hätte man es sofort getan, wäre nur der Widerwille zu überwinden gewesen. Bei der Angst-Strategie kommt nun noch zusätzlich emotionaler Stress hinzu. Man prüft besser gleich, *wozu* man etwas machen will. Dient das Vorhaben einem eigenen Ziel, motiviert man sich, indem man sich dessen Vorteile vor Augen führt: Die will ich unbedingt einsacken. Deswegen – und nur deswegen – tue ich es *jetzt*, weil ich auf diese Vorteile nicht unnötig lange warten will.

Fazit

Statt sich durch Angst vor Strafe zu motivieren, kann man dies auch erreichen, indem man sich die Vorteile des Vorhabens verdeutlicht.

(5) »Ich würde es tun, wenn ich wüsste, dass es das Richtige für mich ist.« Oder: »Können Sie mir garantieren, dass das gut ausgeht/gut für mich ist?«

Na das wär' doch was: Sicherheit! Es gibt viele, die ganz scharf darauf sind.

Manche fassen nichts an, bevor sie nicht »garantiert« wissen, dass es richtig ist, gut ausgeht und überhaupt keine negativen Konsequenzen mit sich bringt. Aber egal, aus welchem Grund jemand Sicherheit fordert, die Antwort bleibt dieselbe: »So etwas haben wir nicht und bekommen es auch nicht herein.« Die Gründe dafür sind leicht nachzuvollziehen: Wer sicher sein möchte, dass etwas *gut* ausgeht, benötigt die Fähigkeit, in die Zukunft zu schauen (um zu wissen, wie etwas ausgeht), und das objektive Wissen darum, was *gut* ist. Beides steht Menschen nicht zur Verfügung.

Weshalb der erste Aspekt utopisch ist, erkennt wohl jeder. Beim zweiten ist das vielleicht nicht für alle auf Anhieb klar: »Gut« ist eine Bewertung und somit abhängig vom persönlichen Geschmack und den eigenen Zielen. Ändert man im Laufe des Lebens den Geschmack oder die Ziele, ist das, was man vorher für »gut« befunden hat, nun plötzlich alles andere als das. Man dürfte künftig nichts mehr dazulernen, um nicht aufgrund neuer Erkenntnisse Geschmack und Ziele ändern zu wollen. Aber will man wirklich nichts mehr dazulernen?

Fazit

Wer mit seinen Vorhaben darauf wartet, sicher zu sein, dass alles *gut* ausgeht und dass es die optimale Lösung ist und bleibt, kann das gleich begraben. *Das* wird man nie vorher wissen.

(6) »Das Leben sollte einfacher/fairer sein.«

Beide Ansprüche gehören in die Kategorie »Wunschdenken«. Wir erkannten schon, dass das Leben nicht nach dem Motto »Wünsch dir was!« funktioniert – wenn man vielleicht von einer kurzen Kindheitsphase absieht. Der Fairness-Anspruch ist zusätzlich mit weiteren Unstimmigkeiten gewürzt. Wer *Fairness* oder *Gerechtigkeit* fordert, möchte etwas, was es gar nicht gibt; etwas, was nur theoretisch zu beschreiben und nicht tatsächlich zu beobachten ist (Begründung s. Abschn. 3.2.1).

Darüber hinaus darf bezweifelt werden, dass gerade jemand mit GFT tatsächlich immer Gerechtigkeit wünscht, denn das bedeutete, auch den »gerechten« Anteil an Hunger und Elend, an Krankheiten und Verlust, an Unfällen und Armut für sich und die Kinder einzufordern. Würden *Sie* so etwas wollen?

Fazit

Das Leben ist *genau so*, wie es ist. Was man daraus macht, entscheidet man im Rahmen der begrenzten Möglichkeiten durch eigene Ziele und Einsatzbereitschaft.

Wer auf ein einfaches, faires oder gerechtes Leben wartet, wird es vergeuden, denn man wartet vergeblich.

(7) »Das Leben ist zu kurz, um mich *damit* zu belasten.«

Das könnte ein stichhaltiges Argument sein, so dass wir es besser genauer prüfen.

So etwas könnte man beispielsweise gelten lassen, wenn der Aufwand eines Vorhabens größer ist als sein Ertrag. Dann würde man es sinnvollerweise lassen, egal wie lange das Leben dauert.

Selbst wenn die Vorteile größer als die Nachteile sind, wäre es akzeptabel, falls damit gemeint ist, dass es ein anderes Ziel gibt, das man noch wichtiger findet oder das noch größere Vorteile mit sich bringt als dieses Vorhaben. Man betrachtet dann die »Opportunitätskosten« des Ziels, indem man prüft, ob man stattdessen etwas anderes tun kann, das noch mehr Vorteile mit sich brächte. Da die Lebenszeit begrenzt ist, kann man nicht alles machen, was verlockend erscheint. Man erstellt daher besser eine Zielhierarchie, um danach zu entscheiden, was man besonders wichtig findet und welche Ziele man zuerst verfolgen sollte. Aber selbst dann zieht das angeführte Belastungsargument nicht, denn zum einen überwiegen die Vorteile, zum anderen erfordern auch alle anderen Ziele Einsatzbereitschaft und Belastung.

Das eigentliche Schweinehund-Argument heißt daher meist: »Das Leben ist zu kurz, um mich *überhaupt* zu belasten.« Mit diesem Argument setzten wir uns bereits ausführlich im Abschnitt 4.2.2 auseinander, als wir die Konsequenzen von Wunschdenken und mangelnder Einsatzbereitschaft betrachteten und feststellten: »Von nix kommt nix«. Wer sich nicht mit Zielen belasten will, wird auch auf die damit verbundenen Vorteile verzichten und das ertragen müssen, was sich ohne eigenes Zutun ergibt.

Fazit

Ziele setze ich nach der Wichtigkeit um, die ich ihnen beimesse – egal, wie lange ich noch lebe.

Überwiegen die Vorteile eines Ziels, verfolge ich es, wenn ein anderes nicht noch vorteilhafter ist; überwiegen die Nachteile, lasse ich es – egal, wie lange ich noch lebe.

(8) »Andere machen das auch nicht.«

Na ja, warum sollten sie auch? Das wäre für andere doch nur sinnvoll, wenn sie genau die gleichen moralischen, politischen, sozialen und sonstigen Ziele verfolgten wie man selbst.

Und sogar, wenn sie dies täten: Vielleicht sind ihnen die Konsequenzen ihres Vermeidungsverhaltens nicht so wichtig. Oder sie leiden darunter genauso wie man selbst, sind aber nicht bereit, daran etwas zu verändern. Wenn andere sich zielschädlich verhalten, hilft das nicht dabei, den negativen Konsequenzen des eigenen Vermeidungsverhaltens oder Forderns zu entgehen. Ob etwas sinnvoll ist oder nicht, lässt sich einzig im Hinblick auf den eigenen Geschmack und die eigenen Ziele beantworten.

Der Hinweis auf das Verhalten anderer ist für jemanden mit GFT ohnehin eine einseitige Angelegenheit: Wenn andere etwas machen, wozu man selbst überhaupt keine Lust hat, käme man kaum auf die Idee, sich *deswegen* zur Gartenarbeit, zum Aufräumen, zur Steuererklärung oder zum Lernen aufraffen, nur »weil andere es tun«.

Dieses Schweinehund-Argument dient einseitig nur dazu, sich kurzfristig zu entlasten. Die langfristig negativen Konsequenzen wird man aber *so* natürlich nie los.

Fazit

Der Blick auf andere hilft nicht dabei, zu erkennen was den eigenen Zielen dient. Ich tue, was meinen langfristigen Zielen dient, egal was andere machen und ob die sich selbstschädigend »dummfaul« verhalten.

(9) »Das darf man nicht, das ist falsch!« Oder: »Das gehört sich nicht!«

Wer so etwas mit Inbrunst von sich gibt, gehört zu den Forderern mit Wahrheitsanspruch. So eine Hintertür hält der innere Schweinehund für die parat, die die »Schuld« lieber bei anderen suchen – weil man selbst so, wie man ist, ja schließlich in Ordnung ist. In Abschnitt 4.2.1 erkannten wir, dass Menschen nicht objektiv entscheiden können, ob etwas falsch oder richtig ist, da ihnen dazu die Erkenntnisfähigkeit fehlt. Und wir sahen, wie unsinnig es ist, zu fordern, dass die Realität anders zu sein hat, als sie tatsächlich ist. Das Lernziel, das wir hierzu herausarbeiteten, heißt *Akzeptanz*.

Wir akzeptieren, dass andere etwas aus ihrer Perspektive beurteilen und sich danach entscheiden, wie es zu *ihrer* Moral und zu *ihren* Zielen passt – auch wenn das leider nicht immer unserem Geschmack entspricht.

Fazit

Wir können nur »bedingte« Wahrheit erkennen. Ob jemand etwas richtig oder falsch macht, lässt sich daher nur aus der Perspektive des Handelnden prüfen. Unabhängig davon darf jeder so viel »falsch« machen, wie er möchte. Schließlich muss jeder selbst die Konsequenzen daraus ertragen. Falls es Mitbetroffene gibt, die das nicht unterbinden können: Pech gehabt. Solche Risiken gehören zum normalen Alltag.

(10) »Ich bin eben so.«

Tja, dann ist das wohl Schicksal und man muss sich damit abfinden.

Aber stellen wir doch besser vorher sicher, dass das, was uns so teuer zu stehen kommt, auch tatsächlich unter gar keinen Umständen durch uns selbst gesteuert wird und unbeeinflussbar ist. Nur wenn das der Fall ist, wären die Konsequenzen unseres »So-Seins« schicksalhaft und wir lernen dann besser, uns damit abzufinden.

Der innere Schweinehund versucht mit diesem Argument, fälschlich eine Unbeeinflussbarkeit zu suggerieren, damit man nicht aktiv werden und sich mühsam ändern muss. Die Konsequenz wäre dann, dass man unnötig die negativen Auswirkungen von tatsächlich Veränderbarem dauerhaft erträgt.

Fazit

Nur Unveränderbares akzeptieren wir als schicksalhaft. Alles andere prüfen wir daraufhin, wie es zu verändern ist und – wenn wir den Weg kennen – ob es uns den dafür nötigen Aufwand wert ist. Überwiegen die Vorteile, investieren wir die nötige Einsatzbereitschaft für das Veränderungsziel.

6.2 Selbstmotivation steigern – oder: der Bau einer Arschtrittmaschine

Die hohe Kunst der Eigenmotivation

Jeder Mensch mit GFT kennt das besonders gut: Einsichten sind meist leicht zu gewinnen, sie umzusetzen ist oft extrem lästig. *Anstrengung, Training* und *Selbstüberwindung* sind Begriffe, bei denen sich gerade bei jemandem mit GFT ein Reflex förmlich aufdrängt: Bloß weg hier! Wenn wir daran gehen, das neue GFT-Konzept zu üben, wird das den meisten von uns ziemliche Selbstüberwindung abverlangen. Wer da nicht gleich wieder aufgeben will, braucht etwas, was man diesem Ausweichreflex entgegensetzen kann, wenn es nicht wie üblich enden soll. Für die nötige Einsatzbereitschaft müssen wir uns immer wieder aufs Neue motivieren, um den Hang zum Ausweichen zu unterdrücken. Wer sich dabei nicht von anderen abhängig machen will, muss lernen, die Verantwortung dafür selbst zu übernehmen. Zu diesem Zweck basteln wir uns nun eine »Arschtrittmaschine«, die dabei hilft, sich künftig immer selbst in den Allerwertesten zu treten, wenn man den gewählten Weg aus Bequemlichkeit am liebsten wieder einmal verlassen möchte. Die Prinzipien dieser Selbstmotion betrachten wir in den nächsten Abschnitten.

6.2.1 Motivationsprinzipien: Zuckerbrot und Peitsche

Wenn wir schauen, welche Möglichkeiten wir besitzen, um die eigene Motivation zu steigern, stoßen wir auf zwei Varianten, die wohl alle kennen: »Zuckerbrot und Peitsche« oder Belohnen und Bestrafen. Jemand mit GFT schielt dabei meist noch mehr auf das Zuckerbrot als jeder andere es ohnehin tut.

Motivation durch Belohnen
»Wenn du *das* für mich tust, *dann* bekommst du ...« Wir alle kennen solche Angebote zur Genüge und schon von klein auf an hat man damit – mehr oder weniger erfolgreich – versucht, uns zu etwas zu bewegen, was wir sonst nicht getan hätten. Wenn so etwas funktionieren und den Angesprochenen dazu verleiten soll, aktiv zu werden, ist der Anbietende gut damit beraten, etwas anzubieten, das für den Angesprochenen hinreichend verlockend ist. Nur dann ist dieser motiviert, dafür Aufwand zu betreiben.

Das Motivationsprinzip durch Belohnen wird von den meisten bevorzugt, und das nicht nur, weil jeder Belohnungen schätzt. Meist dient es auch dem Festigen sozialer Bande, wenn es beim Aushandeln solcher »Geschäfte« zwei zufriedene Parteien gibt.

Fazit

Versprochenes Belohnen hilft, sich selbst oder andere zu motivieren, etwas zu tun oder zu lassen, was man sonst wegen des damit verbundenen Aufwands oder Verzichts vermieden hätte.

Regeln für das Belohnungsprinzip
Eingeschränkte Wirkung des Belohnungsprinzips bei GFT. Das Belohnungsprinzip funktioniert im Allgemeinen hervorragend, wenn es darum geht, Motivation aufzubauen. Nur Menschen mit GFT bilden auch hier wieder eine Ausnahme, denn bei ihnen wirkt es häufig nicht motivationssteigernd. Hierfür gibt es zwei Hauptursachen:

(1) **Übersättigung.** Auch wenn jemand noch so gerne Walnusseis isst, irgendwann ist es genug. Spätestens nach der zwölften Portion am Tag ist die versprochene nächste Ladung nicht mehr so verlockend wie die erste. Wir erkannten bereits bei

den Ursachen für GFT (s. Abschn. 2.1.2) am Beispiel von Steffi, dass diejenigen häufig übersättigt sind, die durch ihre Strategien bereits schon alles bekamen, was sie wollten. Vielleicht wird dann ein weiteres Spielzeug, eine weitere DVD oder später eine weitere sexuelle Errungenschaft immer noch als »Belohnung« empfunden, ihre Bedeutsamkeit nimmt jedoch mit der Menge des bereits Erhaltenen rapide ab. Da ist dann mit weiteren Belohnungsversprechen kaum noch Motivation zu fördern.

(2) **Der Zeitaspekt.** Für Vemeider gilt der Grundsatz: »Hauptsache Entlastung *jetzt!*« Wer stets auf den ganz kurzfristigen Gewinn schielt, lässt sie sich nicht mit Belohnungsversprechungen locken, die erst morgen oder noch später eintreten. Damit das Belohnungsprinzip auch bei ihnen wirkt, müssen sie erst lernen, auf das *langfristige* Maximieren ihrer Lebenszufriedenheit zu achten. Erst dann sind sie bereit, *heute* Aufwand zu betreiben oder Nachteile in Kauf zu nehmen für etwas, dessen Vorteile sie erst *künftig* auskosten können.

Belohnungsaufschub. Wenn jemand dazu neigt, auf kurzfristige Gewinne zu schielen, heißt das Lernziel: die langfristigen Gewinne berücksichtigen! Das erreicht man am besten durch einen *Belohnungsaufschub*, bei dem das Erwünschte in die nahe Zukunft verlagert wird. Das könnte z. B. so aussehen: Ich plane täglich drei Stunden mit angenehmen Tätigkeiten ein. Diese darf ich jedoch nur ausführen, wenn ich zuvor mein weniger angenehmes Tagespensum erfülle. Wichtig ist hierbei, sich jeden Tag ganz genau vorzunehmen, womit ich mich belehnen will, damit ich weiß, was ich der notwendigen Selbstüberwindung gegenüberstellen kann. Ebenso wichtig ist, dass das Tagespensum realistisch geplant und erreichbar ist, oder – anders ausgedrückt – ich muss mir die Karotte nicht nur so vor die Augen hängen, dass ich sie sehe, sondern ich muss wissen, dass ich sie später auch bekomme. Sonst motiviert sie mich nicht.

Ist eine angestrebte Belohnung so groß, dass ich sie mir nicht jeden Tag leisten kann oder will, kann ich mir jeden Tag, an dem ich mich zielführend verhalte, »Punkte« zuteilen (z. B. in Form von Spielgeld, Münzen, Kugeln oder Kärtchen). Habe ich genügend Punkte gesammelt, darf ich sie gegen eine entsprechend große Belohnung eintauschen. Hierzu bietet es sich an, eine Liste mit Belohnungen zu erstellen und die dafür notwendige Punktzahl anzugeben.

Liegt die Belohnung für meinen heutigen Einsatz weiter in der Zukunft, kann ich mir jeden Tag, an dem ich mich zielführend verhalte, verdeutlichen, wie weit ich es schon geschafft habe. Dies kann in Form von Punkten, Grafiken oder Maßstäben geschehen (z. B. einer Schnur, die vor meinem Schreibtisch von der Decke hängt und an der etwas befestigt ist, was sich nach oben und unten verschieben lässt). Oben angekommen heißt, ich habe mein Ziel erreicht. So etwas braucht dann nicht gesondert belohnt zu werden, weil das Zielerreichen selbst schon mit inneren und äußeren Belohnungen verbunden ist. Ist das Ziel in weiter Ferne, kann man die Schnur in bestimmte Etappen einteilen und sich für das Erreichen eines jeden Etappenziels mit einer vorher festgelegten Belohnung motivieren.

Motivation durch Bestrafen

Leider, leider, leider… wer sich GFT abgewöhnen will, kommt um das Bestrafungsprinzip nicht herum. Es ist sogar von elementarer Bedeutung, um dem kurzfristigen Belohnungsprinzip, das jeder mit GFT aus dem Effeff beherrscht, etwas Wirksames gegenübersetzen zu können.

Jeder kennt Drohungen wie »Wenn du *so etwas* machst, dann darfst du … nicht.« Auch damit hat man mit unterschiedlichem Erfolg versucht, uns dazu zu bewegen, etwas zu tun oder sein zu lassen, was wir sonst nicht freiwillig getan hätten. Wenn solches Drohen den erwünschten Effekt zeigen soll und den Bedrohten dazu veranlasst, etwas Bestimmtes zu tun oder sein zu lassen, dann muss der Drohende zuvor geklärt haben, dass das, was er androht, für den Bedrohten auch wirklich unerwünscht ist. Nur dann wird er es als Bedrohung empfinden und motiviert sein, auf sein ursprüngliches Ziel zu verzichten.

Drohen ist nur sinnvoll, wenn man in der Lage ist, das Angedrohte umzusetzen – zumindest muss der Bedrohte das glauben. Das Motivationsprinzip durch Strafe wird dementsprechend oft von Menschen bevorzugt, die sich in der stärkeren Position befinden. Häufig werden soziale Bande dadurch belastet.

Fazit

Androhen von Strafe hilft, sich selbst oder andere dazu zu motivieren, etwas zu tun oder zu lassen, was man sonst wegen des damit verbundenen Aufwands oder Verzichts vermieden hätte.

Regeln für das Bestrafungsprinzip

Auch mit dem Bestrafungsprinzip gelingt es im Allgemeinen recht gut, Motivation aufzubauen. Aber auch hierbei gibt es einige Beschränkungen in der Wirksamkeit. Die wichtigsten sind:

Glaubwürdigkeit der Drohung. Drohungen wirken nur dann, wenn der Bedrohte glaubt, dass der Drohende seine Drohung auch umsetzen kann und wird. Der erste Aspekt zielt auf die Fähigkeit des Drohenden (ob er die Macht besitzt, das Angedrohte auch umzusetzen), der zweite auf seine Bereitschaft (ob er das Angedrohte auch tatsächlich ausführen wird). Gerade Menschen mit GFT haben in ihrer Lerngeschichte häufig erfahren, dass Erziehende aus unterschiedlichen Gründen nicht bereit waren, das Angedrohte auch umzusetzen, z. B. weil sie keine Lust auf Auseinandersetzung oder schlechte Stimmung hatten, weil sie ihrem Kind das nicht »antun« mochten, weil sie es dazu »viel zu lieb« hatten oder weil es ihnen letztlich doch egal war, ob es das ursprünglich Geforderte lernt oder umsetzt.

Erfolgsaussicht für Bedrohte. Selbst wenn man eine Drohung ernst nimmt, wird sie nur dann die Motivation erhöhen, wenn man eine Möglichkeit sieht, das Geforderte zu erbringen. Sieht man keine Erfolgschance (z. B. weil die eigene Fähigkeit unterschätzt wird oder weil man keinen Weg zum Umsetzen des Geforderten kennt), verpufft die Drohung. Die Bedrohten werden dann lediglich Angst empfinden oder resignieren.

Eine Bestrafungsandrohung bewirkt auch dann keine Motivationssteigerung, wenn Bedrohte glauben, die negativen Konsequenzen ohnehin erleiden zu müssen.

Den Krankheitsgewinn neutralisieren. Jemand mit GFT »belohnt« sich ständig mit dem *Krankheitsgewinn*: dem Spannungsabbau, dem Ausweichen von Lästigem, dem kurzfristig Angenehmen. Wer überhaupt eine Veränderungschance besitzen will, muss künftig auf diese Krankheitsgewinne verzichten (zur Begründung s. Abschn. 1.3). Dies gelingt am ehesten, wenn man ihn ausschaltet, indem man dem kurzfristigen Gewinn eine ebenso kurzfristig wirkende Strafe gegenüberstellt. Sie sollte um einiges massiver sein als es der sonst eingefahrene Krankheitsgewinn und so abschrecken, dass man sie *unbedingt* vermeiden will. Der Preis, den es dann tatsächlich kostet, besteht im Verzicht auf den kurzfristigen Krankheitsgewinn.

Beispiel

Gehe ich aus Angst vor Schmerzen nicht zum Zahnarzt, motiviere ich mich dazu, indem ich so lange auf etwas mir Wichtiges verzichte, bis ich zur Untersuchung gegangen bin. Ich könnte dazu z. B. den TV-Receiver, den Router für meine Internetverbindung oder meine Kfz-Schlüssel an eine Person meines Vertrauens geben.

Strafen müssen *sofort* wirken und sie sollen nur auf eine einzige Art zu verhindern sein: durch das angestrebte Verhalten. Das gelingt besonders gut, indem wir vertraute Personen einbinden und sie bitten, uns beim Verändern zu helfen, indem sie z. B. zu einem vorher festgelegten Zeitpunkt etwas tun, was unsere selbst gewählte Strafe in Gang setzt, wenn wir bis dahin nicht das zuvor festgelegte Ziel erreichen.

Beispiel

Ich möchte Bewerbungen schreiben, habe das aber immer wieder hinausgezögert. Nun lege ich 100 Euro in einen Briefumschlag und adressiere ihn an eine Person oder an eine politische Partei, die ich am allerwenigsten mag. Dann gebe ich diesen Umschlag meinem besten Freund und bitte ihn, das Kuvert in den Postkasten zu werfen, falls ich ihm nicht bis Freitag, 18 Uhr beweise, dass ich sechs Bewerbungen abgeschickt habe. Sollten 100 Euro nicht ausreichen, um meine Trägheit zu überwinden, setze ich die Summe entsprechend hoch.

Strafe nur für Übende. Die Konsequenzen einer Strafe betreffen nur mich selbst und nicht andere. Wenn die Konsequenz z. B. heißt: »Solange ich nicht tue, was ich mir heute vorgenommen habe, darf ich nicht fernsehen«, dann soll das natürlich nicht andere Familienmitglieder einbeziehen.

Wenn jemand seine Belohnungen über Punkte vergibt, kann eine Strafe darin bestehen, bei Vermeidungsverhalten eine entsprechende, vorher festgelegte Anzahl von Punkten wieder herzugeben.

Fallbeispiele für den Einsatz von Motivationsstrategien

Betrachten wir nun am Beispiel unserer drei GFT-Vertreterinnen und -Vertreter, wie man die oben beschriebenen Motivierungsstrategien im konkreten Änderungsprozess anwenden kann.

Beispiel • Motivationsstrategien

Frau Hauptmann motiviert sich

Frau Hauptmann möchte in der neuen Kanzlei bleiben und nach der Probezeit dauerhaft übernommen werden. Dazu will sie lernen, sich den Kolleginnen gegenüber kollegial zu verhalten und Kontakte zu knüpfen, sie will alle Arbeiten im vereinbarten Rahmen ohne zu murren erledigen und üben, sich anderen gegenüber freundlich, aufgeschlossen und zugewandt zu verhalten. Hierzu hat sie sich eine Liste von Verhaltensweisen gemacht, die sie nun jeden Tag umsetzen will (z. B. möchte sie alle Kolleginnen morgens persönlich mit ihrem Namen begrüßen, ihnen dabei in die Augen schauen und einige persönliche Worte an jede richten. Das Gleiche soll für den Chef gelten. In den Pausen will sie sich zu anderen stellen, anbieten, gemeinsam zum Essen zu gehen, an deren Leben Interesse zeigen und den anderen auch etwas über sich selbst erzählen). An jedem Tag, an dem sie ihr Programm zielgemäß absolviert hat, will sich Frau Hauptmann mit einem besonders schönen Feierabendprogramm belohnen (z. B. ins Konzert, Kino oder in die Sauna gehen, sich mit Freunden zum Essen treffen oder ausgehen). Schafft sie es einmal nicht, ihr Vorhaben umzusetzen, wird die Belohnung nicht nur ersatzlos gestrichen, zusätzlich will sie sich durch eine weitere Strafandrohung motivieren: Sie wird dann ungefragt freiwillig zwei unbezahlte Überstunden einlegen. [Solange Frau Hauptmann in der Kanzlei keine Vertrauensperson hat, ist sie in diesem Fall beim Überprüfen ihrer Vorsätze auf sich allein gestellt, denn betriebsfremde Personen können sie bei ihrem Üben nicht kontrollieren.]

Frau Prokrastl motiviert sich

Frau Prokrastl will nun doch ihre Steuererklärungen selbst erstellen, weil sie das für das kleinere Übel aller erkennbaren Alternativen hält. Sie will sich nun motivieren, damit sofort anzufangen und dann täglich vier Stunden daran weiter zu arbeiten, bis sie das Ziel erreicht. Setzt sie dieses Vorhaben ab heute täglich um, will sie sich dafür – je nach Fortschritt ihrer Arbeit – täglich bis zu 20 Punkte geben. Für die gesamte Arbeit erhält sie 100 Punkte. Diese darf sie dann gegen einen Eurobetrag eintauschen, den sie für neue Kleidung ausgeben darf. Der Betrag soll genauso hoch sein wie der, den sie durch ihre Selbstüberwindung eingespart hat: das Honorar des Steuerberaters oder die Strafe beim Finanzamt. Zusätzlich will

Frau Prokrastl sich durch eine Strafandrohung motivieren: Für jeden Tag, an dem sie ihr Vorhaben nicht umsetzt, wird sie 200 Euro in den Briefkasten eines ihr extrem unsympathischen Menschen werfen lassen, z. B. in den ihres streit- und trunksüchtigen Nachbarn, der sie ständig im Treppenhaus anpöbelt. [Hierzu hat sie die Bereitschaft ihrer besten Freundin eingeholt, dass diese jeweils einen zuvor adressierten und frankierten Umschlag mit 200 Euro in den Postkasten wirft, wenn sie ihr nicht täglich die Fortschritte in der Steuererklärung nachweist.]

Herr Zauder motiviert sich

Herr Zauder möchte lernen, »entscheidungsfreudiger« zu handeln. Dazu stellt er zunächst eine Liste all der Themen auf, zu denen er einen Entscheid vor sich herschiebt. Dann prüft er für jede Aufgabe, ob er dazu vor dem Entscheiden noch fehlende Informationen benötigt und – falls ja – welche. Von den Aufgaben, zu denen kein weiterer Informationsbedarf besteht, wird er täglich eine entscheiden, indem er die Vor- und Nachteile der Alternativen abwägt und dann die für ihn langfristig günstigste auswählt. Auf die Vorteile der anderen Varianten will er dann verzichten. (Auch für Menschen mit GFT gilt der Grundsatz: Kennt man beide Seiten einer Münze, weil man sie *einmal* umgedreht hat, führt weiteres Umdrehen nicht zu neuen Erkenntnissen.)

Hat Herr Zauder eine Angelegenheit nicht bis 21 Uhr entschieden, wird er eine Münze werfen und sich dann diesem Zufallsentscheid unterwerfen. Aber auch für so einen Entscheid ist er selbst verantwortlich. Denn wer sich entscheidet, sich lieber nicht zu entscheiden, hat auch damit einen Entscheid gefällt. Das »Schicksal« oder die Münze kann ja nichts dafür, wenn man selbst zu feige oder zu träge ist, um sich selbst für eine der möglichen Alternativen zu entscheiden.

Bei den Themen, für die noch Informationsbedarf besteht, will Herr Zauder sich täglich zwei Stunden fehlende Informationen beschaffen. Sobald die vorliegen, wird er vorgehen wie oben beschrieben. Bemüht er sich nicht wie vorgenommen um die Informationen, wird er auch zu diesen Themen den Zufallsentscheid mithilfe einer Münze herbeiführen und akzeptieren.

6.2.2 Langfristige Lebenszufriedenheit maximieren

Wir betrachteten schon mehrfach, wie wichtig es ist zu lernen, von einer kurzfristigen Perspektive und dem Fordern nach Bequemlichkeit oder Entlastung *jetzt* auf eine langfristige umzuschwenken, wenn wir uns nicht immer wieder aufs Neue langfristig negative Konsequenzen einbrocken wollen. Wer die eigene Lebenszufriedenheit insgesamt und langfristig maximieren will, sollte sich folgende Fragen beantworten:

- »Will ich für diese Entlastung oder diesen Gewinn *jetzt* diese langfristigen Konsequenzen ertragen?«
- »Was kann ich heute tun, um diese langfristig negativen Konsequenzen zu vermeiden?«
- »Langfristig betrachtet: Was habe ich davon und was kostet mich das? Bin ich dazu bereit, das künftig zu ertragen?«

So lernen wir, für uns die Alternative auszuwählen, mit der wir *langfristig* am besten fahren, das heißt die, die uns mit möglichst wenig Aufwand zu unserem Ziel führt.

Betrachten wir dies anhand der Verhaltensreaktionen aus den zuvor beschriebenen Beispielen.

Beispiel • Langfristige Konsequenzen prüfen

Frau Hauptmann prüft die langfristigen Konsequenzen ihres Handelns

Frau Hauptmann würde die Frage ihrer Kollegin und das Ansinnen ihres Chefs nach zusätzlicher Arbeitsleistung am liebsten abschlagen. Sie überlegt nun: »Ist es mir das wert, diese Belastung *jetzt* zu vermeiden und dafür die Konsequenzen daraus danach zu ertragen? – Hm, die kurzfristigen Vorteile liegen auf der Hand: Ich muss nicht so viel arbeiten. Langfristig wird das eher zu einer schlechteren Position in dieser Firma führen. Die Kolleginnen werden das negativ finden und mir auch nicht mehr zur Seite stehen. Der Chef wird das auch nicht schätzen und mich vielleicht nach der Probezeit nicht übernehmen. Ich müsste mir dann schon wieder etwas Neues suchen… Wenn ich das gegeneinander abwäge, sind die langfristigen Nachteile doch erheblich einschneidender. Für so eine kurzfristige Entlastung wäre das Quatsch. Ich habe zwar keine Lust dazu, aber ich mach's. Die Konsequenzen für ein Ablehnen sind mir zu groß.«

Frau Prokrastl prüft die langfristigen Konsequenzen ihres Handelns

Frau Prokrastl drückt sich vor ihrer Steuererklärung. Sie sitzt nun mit ihrem leeren Kaffeebecher am Küchentisch und denkt: »Was kann ich tun, um die drohenden negativen Konsequenzen zu vermeiden? … Na ja, ich könnte jetzt damit anfangen. Wenn ich die nächsten fünf Tage jeweils vier Stunden daran arbeite, sollte ich das schaffen. Dazu muss ich dann allerdings auf all das verzichten, was ich sonst in der Zeit gemacht hätte. Obwohl, so viel ist das ja gar nicht. Die Zeit habe ich mir jetzt ja auch eingeplant. Ich verbringe sie nur mit etwas anderem, und wenn ich ehrlich bin, so viel Spaß macht das ewige Kaffeetrinken, Herumsitzen, Aufräumen, Herumtelefonieren und was mir sonst noch so an Vermeidungsaktivitäten einfällt, ja auch nicht. Abgesehen davon ist es ziemlich unproduktiv… Ich könnte auch einen Steuerberater beauftragen, aber das wäre rausgeschmissenes Geld. Wie ich mich kenne, würde ich dann ohnehin wieder prüfen, ob er alles berücksichtigt hat. Auch das kostet Zeit. Und ich müsste zum finanziellen Ausgleich wieder neue Kunden gewinnen. Diese Akquisitionsarbeit finde ich auch ziemlich lästig. Da kann ich auch gleich die Steuern selbst ausrechnen. Okay, ich mach's selbst. Jetzt.«

Herr Zauder prüft die langfristigen Konsequenzen seines Handelns

Herr Zauder steht vor dem Verkäufer und möchte sich mal wieder am liebsten vor einem Entscheid drücken und schnell aus der Situation verschwinden. Zum Glück kann er sich gerade noch bremsen und prüft: »Ist es mir das wert, diese Entlastung *jetzt* zu bekommen und dafür die Konsequenzen morgen und danach zu ertragen? ... Wenn ich es jetzt nicht entscheide, stehe ich wieder ohne Ergebnis da, habe kein neues Notebook und suche tagelang weiter. Jeden Tag finde ich etwas Neues oder Günstigeres. Das kann ich ewig so weitermachen. Aber was wäre dadurch gewonnen? Da sich alles ständig weiterentwickelt, komme ich *so* nie zu einem neuen Gerät. Dieses hier erfüllt meine Kriterien. Ich nehme es. Jetzt kann ich nur noch versuchen sicherzustellen, dass es der zurzeit günstigste Preis ist.«

6.2.3 Große Ente – kleine Ente: Modelle und Modelllernen

Einen zusätzlichen Motivationsschub können Erziehende aus den Konsequenzen gewinnen, die ihr eigenes GFT-Reaktionsmuster auf das weitere Leben ihrer Kinder hat. Im Abschnitt 1.1.2 beschäftigten wir uns mit den Ursachen für GFT und erkannten, dass GFT-Konzepte bewusst oder unbewusst, gewollt oder unfreiwillig durch Bezugspersonen abgebaut oder verstärkt werden. Die Konsequenzen, die so ein »Lernen am Modell« für Kinder hat, betrachteten wir im Abschnitt 2.3.3 und stellten dort fest, dass Kinder eines Erziehenden mit GFT nach dem »Große Ente, kleine Ente«-Prinzip die Konzepte ihrer Bezugspersonen übernehmen. So ein *Modelllernen* funktioniert bei allen lernfähigen Lebewesen. Was hier wirkt, ist die Vermutung der »kleinen Ente«: »Dieses Wesen ist schon so alt und so groß geworden, da muss es wohl alles richtig gemacht haben«, mit der daraus abgeleiteten Konsequenz: »Das mach ich jetzt auch so.«

Manche von uns, die mit GFT-Konzepten leben, sind motivierter, etwas dagegen zu unternehmen, wenn sie sich bewusst machen, was sie damit – in der Regel ungewollt und dennoch nicht zu verhindern – an die eigenen Sprösslinge weiterreichen. Wer sich also bisher noch nicht um seiner selbst willen bemüht hat, solche schädlichen Muster abzulegen, schafft es vielleicht um seiner Kinder willen, sich dazu aufzuraffen.

Große Ente – kleine Ente: das Prinzip des Modelllernens

6.3 Erfolgsaussichten durch realistische Änderungspläne steigern

Angemessene, erreichbare (Etappen-)Ziele aufstellen

In den Abschnitten 5.1 und 6.1.2 erkannten wir die Bedeutsamkeit realistischer Zielpläne für den Änderungserfolg. Um die mühsam aufgebaute Motivation nicht unvorsichtigerweise gleich wieder durch unnötige Frustration zu torpedieren, stellen wir realistische Ziele auf, die in erreichbare Etappenziele gegliedert sind. In den Etappenzielen legen wir fest, wo wir in einem Tag, einer Woche, einem Monat oder einem Jahr stehen wollen. So können wir täglich prüfen, ob wir es erreicht haben und können täglich erfolgreich sein (und nicht nur einmal am Endziel) und dadurch unsere Selbsteffizienzerwartung und unser Selbstvertrauen steigern. Auf diese Vorteile von Etappenzielen werden wir nicht verzichten.

Betrachten wir nun an unseren drei beispielhaften GFT-Vertretern, wie die ihre Zielpläne aufgestellt haben.

Beispiel • Etappenziele

Frau Hauptmann erstellt ihren Zielplan in Etappenzielen

Frau Hauptmann nimmt sich vor, ab sofort ihre sozialen Ziele zu verfolgen: Sie will sich den Kolleginnen gegenüber kollegial verhalten und Kontakte knüpfen, alle Arbeiten im vereinbarten Rahmen ohne zu murren erledigen und üben, sich anderen gegenüber freundlich, aufgeschlossen und zugewandt zu verhalten. Dazu will sie jeden Tag alle Kolleginnen morgens persönlich mit ihrem Namen begrüßen, ihnen dabei in die Augen schauen und einige persönliche Worte an jede richten. Das Gleiche soll für den Chef gelten. In den Pausen will sie sich zu anderen stellen, anbieten, gemeinsam zum Essen zu gehen, an deren Leben Interesse zu zeigen und den anderen auch etwas über sich selbst zu erzählen.

Für dieses Ziel ist der Zielplan leicht beschrieben: Die beschriebenen Tagespläne gelten als Etappenziele.

Frau Prokrastl erstellt ihren Zielplan in Etappenzielen

Frau Prokrastls Zielplan ist da schon umfangreicher. Sie hat sich zwar schon einen für die Steuererklärung erstellt, nämlich daran ab heute täglich vier Stunden zu arbeiten, bis sie fertig ist. Aber sie hat noch andere Baustellen zu beackern: Neue Büroräume zu suchen, familiäre Ziele intensiver zu verfolgen und zu klären, was mit der Mutter geschehen soll. Ihr Zielplan für die nächsten zwei Wochen sieht so aus:

Tag	Zeitaufwand	Wofür
Tag 1 (heute)	4 Std.	Steuererklärung
	2 Std.	Büroraum-Suche
	1 Std.	Gespräch mit Familie, um den Zielplan zu erläutern und um Akzeptanz für diesen zu erbitten
Tag 2	4 Std.	Steuererklärung
	2 Std.	Büroraum-Suche
	1 Std.	Familie

Tag	Zeitaufwand	Wofür
Tag 3	4 Std.	Steuererklärung
	2 Std.	Büroraum-Suche
	1 Std.	Familie
Tag 4	4 Std.	Steuererklärung
	2 Std.	Büroraum-Suche
	1 Std.	Familie
Tag 5	4 Std.	Steuererklärung
	2 Std.	Büroraum-Suche
	1 Std.	Familie
Tag 6	4 Std.	Steuererklärung
	2 Std.	Büroraum-Suche
	1 Std.	Familie
Tag 7	4 Std.	Steuererklärung zu Ende und abgeben
	2 Std.	Büroraum-Suche
	1 Std.	Familie
Tag 8	4 Std.	Büroraum-Suche
	2 Std.	Büro
	1 Std.	Familie
Tag 9	4 Std.	Büroraum-Suche
	2 Std.	Büro
	1 Std.	Familie
Tag 10	4 Std.	Büroraum-Suche
	2 Std.	Besuch bei Mutter, sie zum nächsten Sonntag zur »Familienkonferenz« einladen
	1 Std.	Familie
Tag 11	4 Std.	Büroraum-Suche
	2 Std.	Entscheidung Büro
	1 Std.	Familie

Tag	Zeitaufwand	Wofür
Tag 12	8 Std.	Vorbereitung Umzug
	1 Std.	Familie
Tag 13	8 Std.	Vorbereitung Umzug
	1 Std.	Familie
Tag 14	12 Std.	Büro Umzug

Am Sonntag will Frau Prokrastl nach der Familienkonferenz entscheiden, ob sie bereit ist, die Mutter bei sich aufzunehmen. Für die darauf folgenden Tage plant sie wochentags jeweils 6 Stunden Bürozeit und 2 Stunden Familienzeit ein.

Dieser Zielplan enthält mehrere Schwachstellen. So plant Frau Prokrastl etwas, was vom Ergebnis her gar nicht allein in ihrer Macht steht. Vielleicht geht der Zeitplan für die Steuererklärung noch auf, aber auch dabei kann sie auf unvorhergesehene Probleme stoßen. Auf noch wackeligeren Beinen steht das Ziel, in den nächsten zehn Tagen ein geeignetes Büro anmieten zu können. Ihre Suche kann sie so planen, zum Finden braucht sie Glück. Besser, sie hätte hierfür noch einen Plan B. Zudem sollte sie im nächsten Schritt in einem Stundenplan festlegen, zu welchen Zeiten sie ihre einzelnen Ziele täglich verfolgen will.

Herr Zauder erstellt seinen Zielplan in Etappenzielen

Herr Zauder hat sich eine Liste aller Themen erstellt, bei denen er Entscheide vor sich herschiebt. Nach der bereits oben beschriebenen Strategie plant er seine nächsten drei Wochen: Zuerst will er täglich einen Entscheid bei den Themen fällen, bei denen kein zusätzlicher Informationsbedarf besteht. Gleichzeitig will er zwei Stunden täglich Informationen für die Themen beschaffen, ohne die nicht sinnvoll entschieden werden kann. Sobald zu einem Thema alle Informationen vorliegen, wird er sich entscheiden.

Einsatzbereitschaft präzise zuweisen und überwachen

Selbstbetrug ist aller Laster Anfang. Und seien wir ehrlich: Jemand mit GFT ist dafür geradezu prädestiniert. Wie oft haben wir uns nicht schon selbst etwas vorgemacht? Wie oft haben wir – vielleicht sogar, obwohl wir gleichzeitig damit unzufrieden sind – ein Ziel still und heimlich begraben, weil wir wieder einmal den einfacheren Weg wählten? Damit das künftig nicht mehr so leicht für uns ist, wenden wir folgende Tricks an:

(1) Einsatzbereitschaft präzise zuweisen. Allein die Erkenntnis »Von nix kommt nix« verhilft noch nicht zu einem vernünftigen Zielplan. Dazu müssen wir bestimmen, was genau wollen wir wann wie lange wofür tun, wie viel Energie wollen wir täglich/wöchentlich/monatlich für ein Ziel einsetzen. So werden wir für uns selbst überprüfbar. Machen wir wirklich das, was wir uns vorgenommen haben und zeigen wir so viel Einsatz, wie wir das planten?

(2) Die Ziele und den Zielplan offenlegen. Je mehr Menschen in unsere Vorsätze, Pläne und Etappenziele eingeweiht sind und wissen, wie, womit und bis wann wir sie erreichen wollen, umso besser. Einige unterstützen uns vielleicht dabei, indem sie uns an unsere Vorsätze erinnern, falls wir sie wieder einmal aus den Augen verlieren, oder wir sind dadurch motivierter, weil wir nicht wollen, dass andere merken, wie wenig Selbstüberwindung wir bereit sind aufzubringen.

(3) Kontrolleure einbinden und beauftragen. Selbstvertrauen ist fein, aber gerade jemand mit GFT ist gut beraten, sich auch von anderen beim Zielverfolgen beobachten und kontrollieren zu lassen. Das kann ein guter Freund, die Partnerin oder eine andere wichtige Vertrauensperson sein. Sie wird über unsere Veränderungsziele informiert und wir bitten sie, uns durch ständiges Beobachten und Feedback dabei zu unterstützen, am Ball zu bleiben.

Kontrolleure sind besonders hilfreich, wenn es um den Einsatz selbst gesetzter Strafen geht. Damit wir der eigenen Sanktion nicht so leicht ausweichen, bitten wir den Kontrolleur, uns dabei zu helfen, z. B. indem wir ihn auffordern, das Kuvert mit dem Geld in den Postkasten zu werfen, wenn wir ein Ziel nicht in der vorgegebenen Zeit ausreichend verfolgt haben.

Und jetzt Sie!

Bitte beantworten Sie die nachstehenden Fragen schriftlich.

Aufgabe 91: Welche Motivationsmöglichkeiten kennen Sie? Bitte geben Sie Beispiele an.

Aufgabe 92: Wie funktioniert das Belohnungsprinzip? Welche Bedingungen sind zu beachten?

Aufgabe 93: Wie funktioniert das Bestrafungsprinzip? Welche Bedingungen sind zu beachten?

Aufgabe 94: Wie maximiert man die eigene langfristige Lebenszufriedenheit? Bitte geben Sie ein Beispiel.

Aufgabe 95: Wie kann man ein GFT-Konzept durch Modelllernen an die nächste Generation weiterreichen?

Aufgabe 96: Welches Motivationsprinzip wollen Sie in welcher Form für Ihr Ziel anwenden? Wofür wollen Sie sich wie belohnen, wofür wie bestrafen?

Aufgabe 97: Erstellen Sie für Ihr Ziel einen Zielplan mit konkreten Etappenzielen.

Aufgabe 98: Worin bestehen die Vorteile, wenn man anderen die eigenen Ziele offenlegt?

Aufgabe 99: Auf welche Schweinehund-Argumente fallen Sie am häufigsten herein? Suchen Sie dafür konkrete Beispiele.

Aufgabe 100: Widerlegen Sie Ihre Schweinehund-Argumente und lernen Sie Ihre Begründung auswendig.

Und jetzt: Viel Erfolg! *Sie* schaffen das.

Anhang

Hinweise zum Online-Material

Arbeitsblätter zur Unterstützung

AB 1 Gefühlsstern und Zuordnungskategorien
AB 2 Gefühlsstern mit Einteilung in Erregungsniveaus
AB 3 ABC-Modell (Inhalt und Struktur)
AB 4 ABC-Modell (Aufgabenblatt)
AB 5 Emotionen und zu erwartende Inhalte im Bewertungssystem
AB 6 ABCZ-Modell (Aufgabenblatt)
AB 7 Neu erarbeitete Erkenntnisse glauben lernen
AB 8 Übungsleitern erstellen
AB 9 Drehbücher erstellen und Vorstellungsübungen durchführen
AB 10 Neue Erkenntnisse im Alltag trainieren

Nachstehend sind diese Übungsblätter in verkleinerter Form abgedruckt. Sie sind als Kopie zu verwenden, wenn sie dabei vergrößert werden.

Diese Unterlagen können Sie sich aber auch in Originalgröße ausdrucken. Dazu gehen Sie auf der Webseite **www.beltz.de** auf die Seite des Buches und klicken den Link zu den Materialien an.

AB 1

Gefühlsstern und Zuordnungskategorien

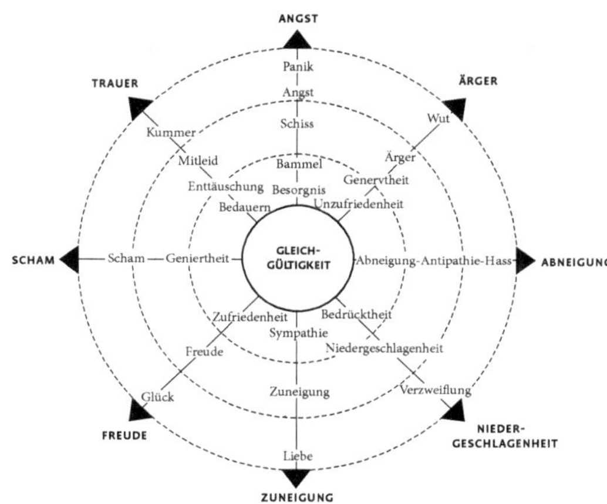

Seelische Gefühle/ Emotionen	**Körperreaktionen**	**Gedanken/ Einschätzungen**	**Körpergefühle**
Freude	Erröten	Unsicherheit	Hunger
Zuneigung	Schwindelgefühl	Misstrauen	Körperschmerz
Gleichgültigkeit	Ohrensausen	Unglaubwürdigkeit	Kälte
Hass	Herzrasen	verhöhnt werden	Durst
Zufriedenheit	Herzstiche	Vertrauen	Druck
Scham	Schwitzen	Einsamkeit	Müdigkeit
Besorgnis	Zittern	Sicherheit	Wärme
Enttäuschung	Atembeschwerden	Verbundenheit	
Angst	Harndrang	Abhängigkeit	
Kummer	Übelkeit	Freiheit	
Niedergeschlagenheit	Kreislaufstörungen	verpflichtet sein	
Trauer	Verstopfung	ohnmächtig sein	
Unzufriedenheit	Kopfschmerzen	ausgeliefert sein	
Panik	Muskelspannung	gemocht werden	
Wut	Erblassen	ausgelacht werden	
Liebe	in Ohnmacht fallen	abgelehnt werden	
Ärger			
Abneigung			

AB 2

Gefühlsstern mit Einteilung in Erregungsniveaus

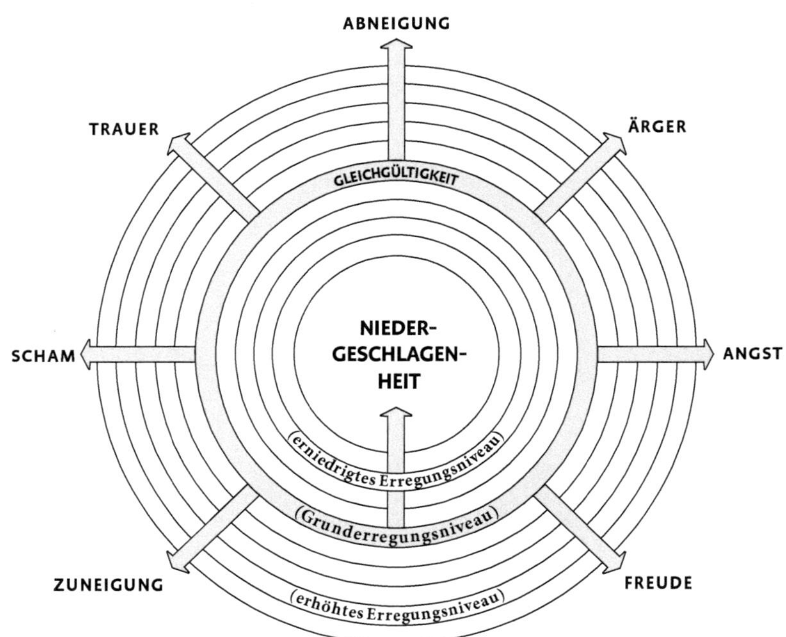

Gefühlsstern mit Einteilung nach dem Erregungsniveau. Der graue Kreis in der Mitte bezeichnet das Grunderregungsniveau, das mit dem »neutralen Gefühl« Gleichgültigkeit einhergeht. Je weiter die Emotionen nach außen auf den Strahlen angesiedelt sind, umso höher ist das sie begleitende Erregungsniveau. Mit wachsender Entfernung vom neutralen Gefühl zum Zentrum hin schwächt es sich ab. Es liegt dann unter dem Normalniveau. Die konzentrischen Kreise stellen diese unterschiedlichen Erregungsniveaus dar.

ABC-Modell (Inhalt und Struktur)

	Worum geht's hier?	Mit welchen Fragen finde ich das heraus?
A Ausgangssituation	Das »objektive« Beschreiben der Situation.	Was kann jeder Mensch ohne Vorwissen in dieser Situation wahrnehmen und beschreiben?
B Bewertungssystem	Alle bewussten und unbewussten Gedanken zum Zeitpunkt A.	**B1 (persönliche Sichtweise):** Was sehe ich mit meinem Vorwissen, persönlichen Geschmack und meinen Zielen in der Situation? **B2 (Schlussfolgerungen und vermutete Konsequenzen):** Was, glaube ich, hat das für mich zu bedeuten? Welche Konsequenzen hat bzw. hätte das für mich? **B3 (Bewertung):** Wie finde bzw. fände ich das?
C Konsequenzen	Mein Gefühl und mein Verhalten aufgrund der bewerteten Situation A.	**C1 (Gefühl):** Welches Gefühl habe ich nach dem Bewerten der Situation? Spüre ich Körperreaktionen? **C2 (Verhalten):** Was tue ich daraufhin?

ABC-Modell (Aufgabenblatt)

A: Ausgangssituation
(Wo bin ich und was geschieht gerade, als ich diese Gedanken/dieses Gefühl habe? Was könnte hier jeder ohne Vorwissen wahrnehmen und beschreiben?«)

....

....

....

B: Bewertungssystem
(1) Meine persönliche Sichtweise in der Situation A (»Was sehe ich mit meinem Vorwissen und meinen persönlichen Zielen und Normen in der Situation A?«)

....

....

....

....

....

(2) Schlussfolgerungen und vermutete persönliche Konsequenzen (»Welche Schlüsse ziehe ich aus meiner persönlichen Sichtweise von A? Welche persönlichen Konsequenzen vermute ich?«)

....

....

(3) Bewertung dieser Schlussfolgerungen und Vermutungen (»Wie finde/fände ich das?«)

....

....

C: Konsequenzen
(1) Gefühlsreaktion (»Welches Gefühl habe ich? Wie stark? Spüre ich körperliche Begleiterscheinungen?«)

....

(2) Verhaltensreaktion (»Was tue ich daraufhin? Wie verhalte ich mich?«)

....

Emotionen und zu erwartende Inhalte im Bewertungssystem

Die Rekonstruktion des Bewertungssystems

Kann der Patient seine Emotion Cl in einer konkreten Situation A benennen, ohne sich an die zuvor abgelaufenen Gedanken zu erinnern, dann kann mit Hilfe der B3-Cl-Logik vom bekannten Cl auf das diesem zugrundeliegenden B3 logisch geschlossen werden.

Danach lassen sich, von B3 ausgehend, die dazugehörigen B2 und B 1 erfragen:

B2. Auf B2 kann allerdings nur indirekt logisch zurückgeschlossen werden, denn jede Emotion Cl lässt einen ganz bestimmten kognitiven Inhalt bei B2 erwarten, den man zur Rekonstruktion des Bewertungssystems nutzen kann:

- Bei Freude steht hier der Gewinn, das, was jemand toll findet,
- bei Liebe, was man so gern an jemandem mag,
- bei Trauer der Verlust, das, was man schlimm findet,
- bei Angst müssen bei B2 die Befürchtungen auftauchen, das, was furchtbar wäre,
- bei Ärger eine Normenverletzung, also das, was man für eine Sauerei hält,
- bei Niedergeschlagenheit das, was so aussichtslos ist und bleibt,
- bei Ablehnung das, was man so unsympathisch oder abstoßend findet,
- bei Scham das, was jemand für nicht in Ordnung an sich hält (und meist mit einer Selbstabwertung verbindet).

B1. Bei Bl stehen die persönlichen Vorerfahrungen, das Vorwissen und die überdauernden Lebensphilosophien und Grundsätze, die für die gezogenen Schlussfolgerungen und vermuteten Konsequenzen bei B2 verantwortlich sind. Bl lässt sich daher mit der Antwort auf die Frage erheben »Wie kommen Sie darauf, dass ... (was bei B2 abgeleitet wurde)?«

Nachfolgende Übersicht zeigt für alle Gefühlsdimensionen die entsprechenden B3 und die Fragen, um die (diesen B3 vorangegangenen) B2 und Bl zu ermitteln:

Gefühl	B3	Frage nach B2	Frage nach B1
Freude	toll, schön	Was finde ich toll? Worin besteht der Gewinn?	Wie komme ich darauf?
Ärger	Sauerei, unverschämt	Was finde ich eine Sauerei? Welche Norm wurde verletzt?	Wie komme ich darauf?
Scham	peinlich	Was finde ich peinlich? Gegen welche Norm habe ich verstoßen?	Wie komme ich darauf?
Trauer	schade, schlimm	Was finde ich daran so schlimm? Worin besteht der Verlust?	Wie komme ich darauf?
Niedergeschlagenheit	hoffnungslos und furchtbar	Was finde ich so hoffnungslos und furchtbar?	Wie komme ich darauf?
Sympathie	Der/die ist toll.	Was finde ich an der/dem so toll?	Wie komme ich darauf?
Angst	Das wäre furchtbar/ peinlich.	Was wäre daran so furchtbar? Wie heißen die Befürchtungen?	Wie komme ich darauf?
Ablehnung	Die/ den finde ich ätzend!	Was mag ich an der Person nicht?	Wie komme ich darauf?
Gleichgültigkeit	egal	Was ist mir egal?	Wie komme ich darauf?

AB 6

ABCZ-Modell (Aufgabenblatt)

A: Ausgangssituation
(Wo bin ich und was geschieht gerade, als ich diese Gedanken/dieses Gefühl habe? Was könnte hier jeder ohne Vorwissen wahrnehmen und beschreiben?«)

....

....

B: Bewertungssystem
(1) Meine persönliche Sichtweise in der Situation A (»Was sehe ich mit meinem Vorwissen und meinen persönlichen Zielen und Normen in der Situation A?«)

....

....

....

....

(2) Schlussfolgerungen und vermutete persönliche Konsequenzen (»Welche Schlüsse ziehe ich aus meiner persönlichen Sichtweise von A? Welche persönlichen Konsequenzen vermute ich?«)

....

(3) Bewertung dieser Schlussfolgerungen und Vermutungen (»Wie finde/fände ich das?«)

....

C: Konsequenzen
(1) Gefühlsreaktion (»Welches Gefühl habe ich? Wie stark? Spüre ich körperliche Begleiterscheinungen?«)

....

(2) Verhaltensreaktion (»Was tue ich daraufhin? Wie verhalte ich mich?«)

....

Z: Zielsetzungen
(1) Zielgefühl (»Welches Gefühl finde ich für die Situation A angemessen?«)

....

(2) Zielverhalten (»Welches Verhalten finde ich für die Situation A angemessen?«)

....

Neu erarbeitete Erkenntnisse glauben lernen

Sie haben nun Ihre unangemessenen, krankmachenden Gedanken und Gefühle aufgespürt, die beteiligten Denkmuster geprüft und für unsinnige oder krankmachende haben Sie sinnvollere Alternativen erarbeitet.

Sie befinden sich jetzt auf der Einsichtsebene: Sie wissen bereits, was Sie sinnvollerweise denken sollten, um nicht erneut in unangemessene emotionale Probleme zu geraten. Doch obwohl Sie nun wissen, dass Ihre Gefühle durch subjektives Wahrnehmen, Einschätzen, Schlussfolgern und Bewerten entstehen, dass Sie für Ihr Denken, Fühlen und Verhalten selbst verantwortlich sind, und gesehen haben, wie unangemessene Denk- und Verhaltensmuster zu erkennen und zu verändern sind, ist es oft recht schwer, diese neuen Einsichten auch in eigenes Denken, Fühlen und Handeln umzusetzen.

Nun haben Sie vielleicht die Umsetzung Ihrer neuen Erkenntnisse bereits probiert und mussten dabei – wie die meisten anderen Menschen auch – frustriert feststellen, dass neue Einsichten dem Glauben und besonders dem Können oft weit vorauseilen, dass Sie wieder einmal eine unangemessene Bewertung nicht oder nicht rechtzeitig genug erkannt haben, um sie und die nachfolgenden Gefühlskonsequenzen zu verhindern.

Schade, aber das ist leider ganz normal. Um dadurch nicht unnötig frustriert oder entmutigt zu sein: Glauben Sie bitte nicht, dass sich irgendetwas allein dadurch verändert, weil Sie es gut verstanden haben. Neue Erkenntnisse und Einsichten sind zwar Voraussetzung für eine sinnvolle Veränderung, durch sie allein werden die Probleme aber nicht beseitigt.

Fazit

Einsichten oder Erkenntnisse allein bewirken keine Problemlösung. Dazu müssten sie erst verinnerlicht und im Alltag umgesetzt werden.

Vor Ihnen liegt noch ein weiteres Stück harter Arbeit: Ihre zunächst nur theoretischen, auf Einsicht basierenden Erkenntnisse müssen Sie nun auch noch in der realen Situation glauben lernen. Und um etwas glauben zu lernen, ist es hilfreich, neue Einsichten immer wieder im Alltag zu überprüfen. Bewahrheiten sie sich und stimmen sie mit den Alltagserfahrungen überein, sind wir eher bereit, sie zu glauben, als wenn dies nicht oder nur teilweise der Fall ist. Je häufiger wir uns von ihrer Richtigkeit und Angemessenheit überzeugen, desto eher werden wir neue Denkweisen übernehmen, verinnerlichen und schließlich auch glauben.

Fazit

Einsichten kann man verinnerlichen und glauben lernen, indem man sie durch Übungen im Alltag wiederholt prüft und bestätigt.

Dieser Teil des Veränderungsprozesses ist wohl der lästigste und schwierigste, denn es ist oft mühsam, unangemessene Denk- und Verhaltensmuster durch neue, sinnvolle Alternativen zu ersetzen. Dazu müssen wir lernen umzudenken, alte, verinnerlichte Denkweisen aufzugeben und die neue Art zu denken, zu fühlen und zu handeln, so lange üben, bis wir sie in den entsprechenden Situationen ebenso spontan parat haben wie zuvor die alten, unangemessenen Muster. Wie gesagt: Leider ist das meist sehr mühsam und arbeitsaufwendig. Aber wer nun deswegen lieber auf der Einsichtsebene verharren mochte, wäre so richtig schlecht dran. Er wüsste dann künftig zwar, was er gerade wieder einmal falsch denkt und wurde erkennen, warum er wieder leidet, hätte aber allein dadurch den alten, unangemessenen Mustern nichts wirkungsvoll entgegenzusetzen.

Die neuen Erkenntnisse führen zwar zum verbesserten Wahrnehmen eigener Denk- und Bewertungsfehler, aber das bedeutet nicht, dass dieser Fortschritt, der für die Veränderung absolut notwendig ist, als besonders positiv empfunden wird. Denn diese Phase des bereits Besser-Wissens, aber noch nicht Könnens, geht häufig mit Frustration über das eigene Unvermögen einher. Und die führt womöglich einige Ungeduldige unversehens zu einem neuen Problem, wenn sie sich nun wegen ihrer selbst erkannten Fehlleistungen abwerten und herunterputzen.

Fazit

Wer es bei neuen Einsichten belässt, sie nicht trainiert und umzusetzen lernt, ist oft frustrierter und unzufriedener mit sich als vorher.

Viele glauben an diesem Punkt, dass eine Verschlechterung ihrer Situation oder ihrer Fähigkeiten eingetreten sei, weil sie nun mithilfe ihrer neuen Erkenntnisse immer häufiger Fehler bei sich erkennen. Sie reagieren dann entsprechend frustriert oder möchten am liebsten aufgeben, weil sie meinen, immer tiefer abzusacken und es wohl nie zu schaffen.

Tatsachlich haben sich ihre Leistungen und Denkgewohnheiten natürlich nicht verschlechtert. Sie haben vielmehr ihre Fähigkeit verbessert, unangemessene Denk- und Verhaltensmuster zu erkennen. Der vermeintliche Rückschritt ist also tatsächlich ein Fortschritt, denn er ist eine notwendige Voraussetzung für den nun möglichen Veränderungsprozess.

Und nun? Es gibt nun verschiedene Möglichkeiten, den neuen Einsichten auf die Sprünge zu helfen, sie nicht nur kennen, sondern auch glauben lernen. Doch bevor wir damit beginnen, müssen wir natürlich erst einmal festlegen, was genau Sie denn eigentlich üben wollen, in welchen Bereichen Ihre problemtypischen Situationen liegen. Dazu werden wir zunächst eine Liste möglicher sinnvoller Übungen erstellen. All diese Übungen verfolgen das Ziel, dass Sie darin Ihr neues Denken und Verhalten trainieren, dass Sie in ihnen beispielhaft lernen, die alten Denkmuster durch Ihre neuen zu ersetzen.Es geht also nicht um die Übung selbst oder darum, neue Verhaltensweisen einzuüben, sondern in erster Linie darum, Ihr B^{neu} an der Realität zu prüfen, um es leichter glauben zu lernen. Je häufiger Sie dies tun, umso eher werden Sie es dann auch in anderen Situationen parat haben, denn Sie werden es mit zunehmender Übung generalisieren.

Dabei werden wir in drei Stufen vorgehen:

(1) Zunächst trainieren Sie Ihre neuen Überzeugungen theoretisch, »auf dem Trockenen«, indem Sie SAE-Modelle für die gefundenen Übungsbeispiele erstellen und dazu sinnvolle Alternativgedanken formulieren.

(2) Danach üben Sie Ihr zielführendes B^{neu} zunächst in der Vorstellung und, wenn Sie das erfolgreich hinbekommen,

(3) trainieren Sie Ihr B^{neu} mit den aufgestellten Übungen schrittweise auch »live« im Alltagsleben.

Übungsleitern erstellen

Um neue Erkenntnisse glauben zu lernen, müssen sie alltagstauglich sein und »funktionieren«. Um Ihre eigenen B^{neu} glauben zu lernen, werden Sie diese nun in problemtypischen Situationen anwenden, dort, wo Sie zuvor mit der alten, unangemessenen Denkweise reagiert haben. Diese Übungen dienen dazu, Ihre alten Denkmuster zu widerlegen und Ihre neuen zu trainieren. Es geht dabei nicht darum, neue Verhaltensweisen einzuüben. Das konkrete Verhalten kann daher für den Alltag völlig unwichtig sein.

Je häufiger Sie Ihr B^{neu} in unterschiedlichen Situationen trainieren und durch Erfahrung bestätigen, desto schneller werden Sie es glauben und auch in anderen problemtypischen Situationen parat haben. Sie werden es generalisieren.

Sinnvolle Übungsaufgaben suchen
Bevor Sie Ihre Übungen zusammenstellen, lassen Sie uns noch zwei allgemeine Anforderungen an solche Aufgaben betrachten:
(1) Übungen sollen gezielt aufzusuchen und auszulösen sein. Sie sollen selbst entscheiden können, wann Sie welche Übungssituation aufsuchen, um sie mit Ihrer selbst gewählten Übungsgeschwindigkeit zu trainieren. Dazu muss das, was Sie üben wollen, natürlich durch Sie selbst auslösbar und steuerbar sein. Es sollte nicht vom Verhalten oder von der Reaktion anderer abhängen.
(2) Übungen schädigen nicht. Übungsaufgaben schädigen niemanden, weder Sie selbst noch die, mit denen Sie üben, und sie sind nicht gefährlicher als das normale Alltagsleben.
Übungsbeispiele sammeln. Sammeln Sie nun für Ihren Problembereich typische Situationen – leichte bis zu den denkbar schwersten, in denen Sie bisher mit den alten Mustern reagiert haben oder reagieren würden. Schreiben Sie diese Situationen einzeln auf kleine Zettel. Achten Sie dabei darauf, dass alle Übungen den oben beschriebenen Anforderungen entsprechen.
Übungen nach Schwierigkeit sortieren. Angenommen, Sie hätten gerade schwimmen gelernt und wollten nun ins Wasser hüpfen. Normalerweise würden Sie nun nicht sofort auf den Zehnmeterturm steigen und hinunterspringen, sondern zunächst vom Beckenrand ins Wasser gleiten, dann vom Einmeter-, Dreimeter- und Fünfmeterbrett springen, bis Sie sich irgendwann, falls das Ihr Ziel ist, auch auf den Zehnmeterturm wagen. Wären Sie gleich dort hinaufgestiegen – Sie hätten wohl kapituliert. Ihre Angst wäre zu stark gewesen. Ähnlich ist das bei den Übungen, die Sie nun ausgesucht haben. Auch die werden Sie unterschiedlich schwer finden. Und um nicht versehentlich sofort mit der schwierigsten zu beginnen und sich damit zu überfordern, erstellen Sie zunächst eine Übungsleiter. Dazu ordnen Sie Ihre Übungsaufgaben nach ihrem Schwierigkeitsgrad und bringen die Zettel mit Ihren Übungen in eine Schwierigkeits-Rangreihe. Dies gelingt am einfachsten, wenn Sie zunächst die leichteste und die denkbar schwierigste Übungssituation bestimmen. Diese erhalten die Plätze 1 und 10. Die Aufgabe auf dem nächsten Zettel ist entweder genauso leicht oder schwer und kommt ebenfalls auf Platz 1 oder 10, oder sie liegt irgendwo dazwischen. Alle weiteren Zettel fügen Sie nun entsprechend ein, nachdem Sie jede mit den bereits eingeordneten Übungen daraufhin vergleichen, ob sie leichter, schwerer oder gleich schwer ist. Auf diese Weise ordnen Sie so viele Übungsbeispiele ein, bis möglichst auf jeder Schwierigkeitsstufe mindestens zwei verschiedene Aufgaben stehen. (Bei mehreren Problemen erstellen Sie bitte für jedes eine eigene Übungsleiter.)

(1)--------(2)--------(3)--------(4)--------(5)--------(6)--------(7)--------(8)--------(9)--------(10)

niedrigste höchste

Schwierigkeitsstufe

Übungsleitern erstellen

Später werden Sie zunächst mit den leichteren Übungen beginnen und sie so lange trainieren, bis Sie dabei das B^{neu} so gut parat haben, dass Sie anstelle der alten Gefühlsturbulenzen nun mit Ihrem Zielgefühl reagieren. Erst danach üben Sie auf der nächsten Schwierigkeitsstufe, bis Sie auch dort auf die erstrebte Art und Weise denken, fühlen und handeln. So arbeiten Sie sich schrittweise auf der Übungsleiter so weit empor, wie Sie möchten. Wie auf dem Sprungturm gilt hierbei die Regel, dass es leichter ist, mit schwierigen Aufgaben umzugehen, wenn zuvor die leichteren zielgerecht und erfolgreich bearbeitet wurden. Dies ist auch deswegen so, weil Ihr Selbstvertrauen durch diese Übungserfolge entsprechend steigt. Wenn jemand erst einmal ohne besondere Angst vom Fünfmeterbrett zu springen gelernt hat, ist es bis zum Zehnmeterturm nur noch halb so weit wie vorher.

Drehbücher erstellen und Vorstellungsübungen durchführen

Nachdem Sie Ihre persönliche Übungsleiter erstellt haben, können Sie nun für die angeführten Situationen SAE-Modelle anfertigen, um Ihre alten Denkmuster herauszuarbeiten, sich mit ihnen gedanklich auseinanderzusetzen und neue, zielführende Alternativen (B^{neu}) zu erstellen.

Im nächsten Schritt geht es darum, diese neu erarbeitete Erkenntnis auch glauben zu lernen, und das können Sie umso leichter, je ausführlicher, logischer und plausibler Sie sich selbst begründen, was an Ihren alten Denkweisen unangemessen, unsinnig oder krankmachend ist, weshalb Sie sie andern sollten, wofür das gut wäre und warum Ihre neue Sichtweise sinnvoll und zielführend ist. Durch diese innere Überzeugungsarbeit werden Ihre alten Denkweisen immer unglaubwürdiger. Erst dann sind Sie normalerweise bereit und offen für neue, alternative Denkweisen, denn kaum jemand gibt ohne Grund, nur mal eben so alte, mehr oder weniger lieb gewonnene Überzeugungen auf. Erst wenn Sie hundertprozentig von Ihrer neuen Sichtweise überzeugt sind, werden Sie bereit sein, dafür Ihre alte Denkweise aufzugeben.

Fazit

Bevor Sie Übungen Ihrer Übungsleiter ausführen, erstellen Sie zunächst dazu SAE-Modelle, erarbeiten dazu zielführende B^{neu} und lernen sie auswendig.

Das Drehbuch

Das eigene Handeln wird durch das Drehbuch bestimmt: Man kann sich allenfalls so verhalten, wie man es sich in der Fantasie vorzustellen vermag. Besitzt man keine Vorstellung von einer Handlung, kann man sie auch nicht durchführen. Bevor Sie Ihre neuen Ziele und Denkmuster mit den Übungen Ihrer Übungsleiter im Alltagsleben ausprobieren und Ihre B^{neu} dort »live« anwenden, sollten Sie dieses Vorhaben daher zunächst in der Vorstellung bis zum erfolgreichen Abschluss durchdenken und vorbereiten, damit Sie nicht plötzlich dastehen wie ein Schauspieler auf der Bühne ohne Drehbuch. Dazu planen und bereiten Sie die eigenen Übungen so gut vor, bis Sie eine klare Vorstellung von ihnen besitzen, bis Sie einen klaren Ablauf, ein inneres Drehbuch vor Augen haben. Sie überlegen sich beispielsweise, wie Sie jemanden ansprechen, welche Worte Sie wählen und worüber Sie reden möchten.

Dabei soll Ihnen Ihr B^{neu} während der gesamten Übung präsent sein, denn sonst hätten Sie ja lediglich eine »Augen-zu-und-durch«-Übung absolviert: Sie hatten die Aufgabe zwar »brav« erledigt, dabei aber leider nur Ihre alten, unangemessenen Gedanken und Gefühle wiederbelebt. Und solche Erfahrungen lassen Sie eher vor weiteren Übungen zurückschrecken.

Selbst wenn Sie dabei das angestrebte Verhalten zeigen, wäre die Übung so nicht erfolgreich, denn es geht ja hierbei einzig darum, die neuen Bewertungen anwenden und glauben zu lernen. Und die sind hier gar nicht erst zum Zuge gekommen. Das gezeigte Verhalten allein werden Sie kaum als Erfolg oder als neue Fähigkeit verbuchen, solange Sie dabei weiter mit Ihrem alten emotionalen Problem reagieren. Im inneren Drehbuch sollten Sie natürlich Ihr angestrebtes Ziel erreichen, denn an Katastrophen oder Misserfolgsdrehbüchern besteht kein weiterer Bedarf.

Fazit

Sobald Sie ein zielführendes inneres Drehbuch für eine Ihrer Übungen von der Übungsleiter erstellt haben, wiederholen Sie es so oft, bis »es sitzt«.

Drehbücher erstellen und Vorstellungsübungen durchführen

Vorstellungsübungen

Sobald Sie ein zielführendes inneres Drehbuch erstellt haben, sollten Sie dies mehrfach in der Vorstellung trainieren. Dabei können Sie folgendermaßen vorgehen:

- Suchen Sie sich einen ruhigen Ort, an dem Sie ungestört sind und entspannen können, um sich dann gedanklich in die beschriebene Situation zu versetzen. Dann versuchen Sie, Ihr neues Drehbuch in Gedanken so anzuwenden, wie Sie es zuvor erstellt haben.
- Falls Sie während dieser Vorstellungsübung auf Ihre alten unangemessenen Gedanken oder das damit verbundene Gefühl stoßen, unterbrechen Sie sofort Ihre Gedanken per Gedankenstopp, indem Sie laut »Halt! Stopp!« rufen, um daraufhin zunächst Ihr B^{neu} zu wiederholen. Erst danach nehmen Sie die Vorstellungsübung an der unterbrochenen Stelle mit der »laut gedachten« Begründung für Ihr B^{neu} wieder auf.
- Dieses Vorgehen wiederholen Sie immer dann, sobald Ihr altes unangemessenes Denkmuster oder das dadurch erzeugte Gefühl in der Vorstellungsübung auftaucht.
- Die Vorstellungsübung ist erst dann erfolgreich beendet, wenn Sie ohne die alten unangemessenen Denkmuster oder das damit verbundene Gefühl zu dem Ergebnis gelangen, das Sie in Ihrem inneren Drehbuch vorher festgelegt und beschrieben haben.

Fazit

Sie trainieren das neue, angestrebte Denken und Verhalten so lange in der Vorstellung, bis Sie dort die Situation oder Aufgabe zu Ihrer Zufriedenheit meistern. Erst danach sollten Sie die Übung auch tatsächlich ausführen.

Neue Erkenntnisse im Alltag trainieren

Bevor Sie Aufgaben Ihrer Übungsleiter »live« durchführen, haben Sie zuvor zu jeder Aufgabe ein SAE-Modell erstellt, unangemessene Denkmuster eindeutig widerlegt, neue, plausible, zielführende Alternativgedanken erarbeitet und anschließend jede Übung anhand Ihres inneren Drehbuchs mehrfach auf der Vorstellungsebene trainiert. Sie sind also schon recht gut vorbereitet, wenn Sie nun darangehen, Ihr inneres Drehbuch auch real im Alltag einzusetzen.

Der Kontrolleur

Es ist sehr hilfreich, wenn Sie für Ihre Übungen einen Kontrolleur gewinnen können, jemanden, der Ihr Handwerkszeug, das ABC- und SAE-Modell und Ihr B^{neu} kennt und mit Ihnen die Übungssituationen aufsucht. Das konnte beispielsweise ein Mitglied der Therapiegruppe, ein guter Freund oder der Partner sein. Dieser Kontrolleur begleitet Sie zu den Übungen, ohne von außen erkennbar dazuzugehören. Er beobachtet Sie unauffällig aus der Distanz und hat folgende Aufgaben:

- Er dient als Rettungsanker: Sie wissen, dass jemand da ist, an den Sie sich wenden können, wenn Sie sich einmal nicht von Ihren alten Bewertungen befreien können und in die damit verbundenen emotionalen Probleme geraten.
- Er hilft meist schon allein durch seine Anwesenheit, leichter den inneren Schweinehund zu überwinden, die nötige Selbstüberwindung aufzubringen und nicht zu kneifen.
- Da Sie sich in den Übungen schlecht selbst beobachten können, dient er als Spiegel: Er soll Ihnen rückmelden, wie er Ihr Übungsverhalten beurteilt, wie Sie auf ihn wirkten, welche Verhaltensweisen er als zielführend einschätzt und welche nicht.

Eigenlob

Erwarten Sie nicht, dass andere Sie für Ihre Fortschritte loben, denn die haben ja meist nichts davon, wenn Sie durch Ihre erfolgreiche Arbeit zum Beispiel an Selbstvertrauen, Durchsetzungsfähigkeit und Selbstsicherheit gewinnen, wenn Sie Ihre Ängste, Niedergeschlagenheit oder Minderwertigkeitsgedanken abbauen.

Sie werden sich daher schon selbst innerlich auf die Schulter klopfen müssen, wenn Sie etwas Zielführendes getan oder erreicht haben. Eigenlob stinkt überhaupt nicht! Im Gegenteil: Es ist eine notwendige Voraussetzung, um mit sich selbst zufrieden zu sein, um unabhängig von der Meinung anderer und selbstsicher zu werden. Vergessen Sie also bitte nicht, sich nach jeder erfolgreichen Übung selbst dafür zu loben, dass Sie sich dazu überwunden haben. Denn die Übungen sind bereits erfolgreich, wenn Sie sich überwinden, sie durchzuführen und das neue Denken trainieren. Und das ist ein Eigenlob wert!

Die neuen Erkenntnisse »live« üben

Um eine Ihrer Aufgaben der Übungsleiter »live« zu üben, gehen Sie folgendermaßen vor:

(1) Sorgfältige Vorbereitung der Übung. Wir stellten ja fest, dass das eigene Denken und Handeln durch bewusste oder unbewusste innere Drehbücher gesteuert wird. Um unnötigen Frustrationserlebnissen vorzubeugen und um nicht erneut Ihre alten, unangemessenen Denkweisen ungewollt zu wiederholen und damit zu verstärken, beachten Sie:

- Keine »Live«-Übung, ohne vorher ein zielführendes B^{neu} erstellt zu haben!
- Keine »Live«-Übung ohne zielführendes Drehbuch!
- Keine »Live«-Übung ohne vorherige, erfolgreiche Vorstellungsübung zu dieser Situation!

(2) Konkrete Übungsplanung und gezieltes Herangehen. Bestimmen und planen Sie, wann genau Sie welche Übung wo durchführen mochten. Stimmen Sie den Termin mit Ihrem Kontrolleur ab und weihen

Neue Erkenntnisse im Alltag trainieren

Sie ihn in den geplanten Übungsablauf, Ihr Drehbuch, Ihr B^{neu} und Ihr Übungsziel ein. Suchen Sie dann die Situation so auf, wie Sie es geplant haben.

(3) Das innere Drehbuch abspulen. Die Übung beginnen Sie genau so, wie es Ihr Drehbuch vorsieht. Folgen Sie während des Übens genau dieser selbst gesetzten Vorgabe!

(4) Notfalls Gedankenstopps einlegen. Sollten Sie dabei in Ihre alten, unangemessenen Denkweisen verfallen und in die alten emotionalen Turbulenzen geraten, führen Sie sofort einen Gedankenstopp durch und wiederholen dann Ihr B^{neu}, bis es wieder »sitzt«!

(5) Zeit zur Selbstreflexion nehmen. Nur mit der Ruhe! Nehmen Sie sich die Zeit für Ihre Übung, die Sie brauchen, um sie planmäßig zu Ende zu bringen. Legen Sie so viele Gedankenstopps ein und wiederholen Sie Ihr B^{neu} so oft wie nötig. Machen Sie sich auch während der Übung deutlich, was Sie weshalb wozu machen und kontrollieren Sie ständig, ob Sie noch so denken und handeln, wie es in Ihrem Drehbuch steht.

(6) Übung zu Ende bringen. Versuchen Sie, Ihre Übung bis zum Ende Ihres Drehbuchs durchzuführen. Vermeiden Sie spontane Veränderungen daran oder neue Zielsetzungen und alles, was Sie nicht zuvor gründlich durchdacht haben, um nicht unversehens in den alten Mustern und Gefühlsturbulenzen zu landen.

Sollten Sie Ihren Faden verlieren oder ein ungünstiges Drehbuch geschrieben haben, brechen Sie die Übung ab, erstellen zu Hause ein zielführendes, lernen Sie es auswendig und machen Sie dann einen neuen Anlauf.

(7) Nachbereitung und Bewertung der Übung. Ebenso wichtig wie die gezielte sorgfältige Vorbereitung von »Live«-Übungen durch das Erlernen sinnvoller Alternativgedanken, Drehbücher und Vorstellungsübungen ist deren anschließende ausführliche Bewertung:

- Haben Sie Ihr vorbereitetes inneres Drehbuch angewandt?
- Ist es Ihnen gelungen, Ihre B^{neu} anzuwenden und die alten emotionalen Turbulenzen zu vermeiden, oder müssen Sie sich diese Übung noch einmal vornehmen?
- Falls Ihnen die Übung gelungen ist: Haben Sie sich schon dafür gelobt?

Der Erfolg Ihrer Übung hängt nicht von der Reaktion der Umwelt ab, denn wie die reagiert, steht nicht in Ihrer Macht. Nur vermiedene Aufgaben oder »Augen-zu-und-durch«-Übungen sind Misserfolge im Sinne Ihres Ziels.

Fazit

In den nächsten Wochen üben Sie bitte jeden zweiten Tag eine Aufgabe Ihrer Übungsleiter »live« im Alltag. Wiederholen Sie vor jeder Übung das dazugehörende Drehbuch und B^{neu}!

Literatur

Für Leser, die sich intensiver mit der Möglichkeit beschäftigen möchten, eigenen Denkfallen auf die Schliche zu kommen und damit verbundene emotionale Probleme abzubauen, kann folgendes Buch nützlich sein:

Stavemann, H. H. (2018). Im Gefühlsdschungel – Emotionale Krisen verstehen und bewältigen (3. Aufl.). Weinheim: Beltz.

Dieses Buch beschäftigt sich ausführlich mit dem Entstehen von Gefühlen und emotionalen Problemen und ihren Veränderungsmöglichkeiten. Es beschreibt die verschiedenen »Denkfallen« und deren Auswirkungen auf den Alltag sowie die therapeutischen Werkzeuge zum Problemlösen. Letztere werden an diversen Beispielen demonstriert. Dabei wird auf drei Problembereiche eingegangen: Selbstwertprobleme, Probleme wegen geringer Frustrationstoleranz und existenzielle Probleme.
Der Weg aus dem Gefühlsdschungel wird von A bis Z ausführlich beschrieben.

Wir haben beim Betrachten der langfristigen Auswirkungen von GFT gesehen, dass hierzu häufig auch mangelndes Selbstvertrauen und Selbstwertprobleme gehören. Falls auch Sie darunter leiden, kann folgendes Buch hilfreich sein, das auf den Problembereich der Selbstwertprobleme fokussiert:

Stavemann, H. H. (2020). ...und ständig tickt die Selbstwertbombe. Selbstwertprobleme erkennen und lösen (2. Aufl.) Weinheim: Beltz.

In diesem Buch wird beschrieben, wie Sie selbst schädliche Selbstwertkonzepte erkennen und dauerhaft verändern können. Der Veränderungsprozess wird Schritt für Schritt beschrieben und anhand diverser Fallbeispiele demonstriert. Praktische Übungen leiten zum Umsetzen des Gelernten im eigenen Lebensalltag an und hilft dabei, die eigenen Selbstwertbomben zu entschärfen.

An mehreren Stellen dieses Buchs wird die Notwendigkeit beschrieben und begründet, weshalb sinnvolle (Lebens-)Ziele und Etappenziele unerlässlich für einen realistischen Veränderungsplan sind. Wer Probleme mit seinen Zielen hat, kann hier Hilfe finden:

Stavemann, H. H. (2018). Weitblicker und Zielverfolger. Eigene Lebensziele bestimmen und erfolgreich umsetzen. Weinheim: Beltz.

Dieser anschauliche Ratgeber hilft dabei, mit Weitblick Ihre eigenen Lebensziele herauszufinden und erfolgreich umzusetzen. Er unterstützt Sie dabei, sich konstruktiv mit existenziellen Sinn- und Wertfragen zu beschäftigen, um daraus eigene Ziele und Werte zu abzuleiten.
Dabei geht es nicht nur darum, Ziele festzulegen, sondern auch darum, sie auf Angemessenheit und auf ihre Konsequenzen zu prüfen; darum, schädliche Ziele zu erkennen und durch sinnvolle zu ersetzen.
Ein Werkzeugkoffer mit diversen Arbeitsblättern hilft, den neuen Kurs zu orten und im Auge zu behalten.

Wir stellen an diversen Beispielen fest, wie GFT-Konzepte durch ungünstige Modelle weiter verstärkt werden. Wer verhindern möchte, eigene schädliche Lebenskonzepte an Kinder weiter zu reichen, erfährt in folgendem Buch, wie so etwas geht:

Stavemann, H. H. & Bergmann, W. (2019). Auf ins Leben! Wie Kinder selbstsicher, motiviert und zuversichtlich werden. Tübingen: dgvt-Verlag.

Schon im Kindesalter werden viele Weichen für die künftige Entwicklung gestellt. Psychotherapeut*innen und Erziehungsberater*innen sind täglich mit den Auswirkungen ungünstiger Erziehungserfahrungen konfrontiert, unter denen Kinder, Jugendliche und auch noch Erwachsene leiden.
Mit diesem Ratgeber erhalten Eltern und Erziehende in Kita und Schule Erziehungsideen und praktische Tipps, um solchen leidvollen Entwicklungen vorzubeugen. Sie erfahren, wie Kinder selbstsicher, motiviert und zuversichtlich werden, um später psychisch stabile Erwachsene zu sein.

Mit Achtsamkeit den Alltag gelassen meistern

- Achtsamkeit hilfreich im Alltag einsetzen
- Viel Raum für Selbstreflexion und Selbsterfahrung: Was tut mir gut? Wo kann ich achtsamer mit mir umgehen?

Der Alltag bringt beruflich wie privat vielfältige Aufgaben und Herausforderungen mit sich. Manchmal haben wir das Gefühl, in all dem halt- und rastlos zu treiben – und dabei gehen wir vielleicht nicht gerade fürsorglich mit uns selbst um.

Mit diesem Selbsthilfebuch entwickeln Sie durch Achtsamkeit einen positiveren Blick auf Ihr Leben. Mithilfe konkreter Strategien und Fertigkeiten erlangen Sie mehr Selbstfürsorge und mehr Kraft für alltägliche Anforderungen. So schaffen Sie sich »Zeitinseln« und »Ankerplätze« im Meer des Alltags.

Achtsamkeit ganz praktisch

- Vielfältige, leicht umsetzbare Achtsamkeitsübungen, auch im Audioformat
- Achtsamkeits-Challenge: 4 Wochen angeleitet üben

Susanne Schug
Im Meer des Alltags ankern
Achtsam innehalten und Kraft schöpfen. Mit Online-Material
2025. 212 Seiten.
Klappenbroschur.
ISBN 978-3-621-29030-2
ISBN 978-3-621-29043-2 (PDF)
ISBN 978-3-621-29044-9 (ePUB)